樂律

全能記憶法

大腦增強計畫

許大鵬，樂律心理 編著

51 種高效記憶法！變換順序、抽象資料轉換、
提升觀察力、調節壓力......打破學習瓶頸，激發大腦潛能

全方位＋多角度的記憶提升法
多達 51 種記憶方法！

從提升短期記憶到應對各類學習，
全面介紹不同情境下的記憶技巧，助你突破瓶頸，提升效率！

目錄

目錄

第六章　穩步提升記憶力的祕訣

目錄

第七章　超級記憶術的應用

前言

　　優秀的記憶力是獲得成功的必要因素之一。記憶力關乎一個人是否聰慧，是否能夠學有所成，是否能夠取得事業上的成功。在漫長的歷史長河之中，湧現出了數不清的英雄人物，這些人大都擁有著超凡的記憶能力。比如亞里斯多德（Aristotle）能夠將看過的書一字不差地背誦出來；凱薩大帝（Julius Caesar）可以清楚記得每一名戰士的名字和相貌，張衡也可以做到過目不忘等等。

　　不過，在現實生活中，遺忘又是每個人都必須面對的一個大難題。很多人提起筆來就忘字；站在講臺上就馬上忘了自己該說些什麼；明明非常熟悉的朋友卻又想不起對方的名字；出門忘記帶鑰匙；炒菜忘記放鹽；重要節日、電話號碼也經常被遺忘。這些遺忘為生活帶來了許多不便，也使得人們下意識地關注「如何提升記憶力」這一個重要問題。

　　事實上，已經有很多人為了杜絕以上這些情況的發生，開始下意識地培養、提升自身的記憶能力了。有遠見的人還會主動尋找、學習、使用一些可以提升記憶力的方法，借用這些記憶方法來開發、挖掘大腦的記憶潛能，使自己可以擁有超乎常人的記憶能力，並在超級記憶力的幫助下走出一條輝煌的人生路。

　　科學研究證實，人的記憶潛力是超乎想像的，每個人的大

前言

腦都是一個巨大的寶藏，有著永遠也用不完的記憶空間，只不過大多數人都沒有找到可以開啟這個寶藏大門的鑰匙。其實，開啟記憶潛能的大門很簡單，人們只需掌握了適合自己的記憶方法，就可以輕鬆開啟藏寶室的大門，讓自己在記憶的海洋裡暢遊，開發出超凡脫俗的強大記憶力，使自己可以更加高效地工作、學習、生活，有更多、更充沛的時間去發展事業，將自己的生活規劃得更加合理，一步步走向更高、更宏偉的人生舞臺。

在本書中，我們蒐集了許多非常有效的記憶方法，讀者朋友可以從中找到最適合自己的記憶方法。本書還結合生動鮮活的故事、案例將這些強大的記憶方法一一呈現出來。不論你是什麼身分，也不必管你的教育程度，只要你閱讀了這本書，就可以在書中找到適合自己的強大記憶方法。用這些有效的記憶方法來武裝自己，去學習、去辨識、去記憶，你的學習就會變得更輕鬆，你的事業也會變得更加成功！

第一章
改善不同類型記憶的方法

第一節 提升短期記憶法

　　小嵐最近有些煩惱，本來她因為工作成績優秀而被公司調到了「故障申報處理部」，是應該高興的，但她實在開心不起來。在公司的所有的部門中，就屬「故障申報處理部」的工作最為輕鬆，而且在這裡工作待遇又最優厚，所以只要能夠被調到該部門工作，那就是公司裡所有人都要羨慕的事情。幸運降臨在小嵐身上，但她卻並沒有感到幸福，因為她著實被眼前的問題難倒了。

　　小嵐原來在客戶接待處工作，這裡工作最為辛苦，還要整天看客戶的臉色。一開始，當小嵐聽到自己將會被調到申報處工作的時候，她簡直開心到不敢相信自己的耳朵。可等到第二天，小嵐在故障申報處工作之後，她就遇到了一個必須解決的難題，如果不能將這個難題成功解決，那她很可能就會失去這份工作。

　　原來，故障申報處的工作雖然簡單，但也需要工作人員有一定的快速記憶能力，因為很多客戶打來的故障報修電話，都需要有專門的工作人員將客戶的聯絡資訊記下來，然後根據客戶電話中所講的故障情況，分門別類地將客戶資訊整理到不同的維修系統中去。

　　本來這就是一個動動手指的事情，可是小嵐偏偏欠缺這方

面的能力，任由她想盡一切辦法，都不能很好地記住客戶的聯絡資訊，這讓她在工作中不斷出現差錯。就在昨天，小嵐還被部門經理當眾教育了一頓。

　　上午的工作剛剛結束，小嵐就痛苦地皺起了眉頭，她必須要在其他人休息的時間將上午接聽的報修電話重新核對一遍，以免出現錯誤。這時，小嵐在申報處新交的好友歡歡過來邀她一起去食堂吃飯，她看到小嵐還在整理客戶的聯絡資訊，就覺得有些驚訝，於是便向小嵐問清楚了緣由。

　　得知事情的始末之後，歡歡便笑著對小嵐說：「嵐姐，這個其實很簡單的，我教妳一個方法就能解決，不過……今天中午的午餐要妳請。」小嵐一聽有方法解決她這個困境，不由得又驚又喜，趕忙開口說道：「歡兒，只要能幫到嵐姐，別說一頓，妳這一週的飯姐都包了！」

　　玩笑過後，歡歡告訴小嵐了一個方法，她讓小嵐在記下客戶聯絡資訊的時候將客戶聯絡資訊中代表不同含義的資訊斷開，然後把這些斷開的小組塊一一記下來，這樣，就能一字不差地將客戶的資訊全部記下來了。

　　歡歡還為小嵐舉了一個例子，比如要記一段電話號碼，可以先記前面的區碼，再將後面拆成兩組號碼去記憶，這樣就能很好地將這一個拗口的電話資訊一字不差地記下來了。果然，小嵐在使用該方法之後，就很少因為記錯聯絡方式的事情而苦惱了。

　　專家認為，小嵐之所以會出現記不住客戶的聯絡資訊的情況，原因是她的短期記憶能力較差，再加上她不懂得增強自己短期記憶力的方法，自然不能夠順利地將這些資訊準確記住，而歡歡教小嵐的方法就是提升短期記憶力的方法中最簡便、最常用的一種方法。

　　專家之所以說小嵐的短期記憶力很差，是因為科學研究發現，短期記憶力的資訊編碼以聽覺編碼為主，雖然也有視覺編碼和語義編碼的情況，但這種情況只會在人們進行短期記憶的最初階段出現，隨後就會在大腦儲存短期記憶的時候，將視覺編碼和語義編碼轉換成聽覺編碼進行儲存。

　　小嵐的工作是透過接聽客戶打來的電話來記錄客戶提出的問題以及聯絡方式，所以她在進行短期記憶的時候採用的都是聽覺編碼，沒有相互轉換的情況，而在這種情況下，小嵐依然記不住客戶的聯絡資訊，可見她的短期記憶力是很差的。

　　短期記憶又稱為工作記憶，該記憶的特點就是資訊保持時間很短。科學家們很具體地將這種記憶方式比作電話號碼式的記憶。意思是說，當人們在需要打電話時，會先在電話簿上找到電話號碼，然後撥號，通完電話之後，剛剛查詢的電話號碼也就會被馬上忘掉，電話號碼在大腦中存在、保持的時間是非常短的。

　　1959 年，美國學者彼得森夫婦就曾做過有關這方面的實驗，他們發現，在人們回憶 3 秒鐘之前的資訊時，會出現較為明顯

的遺忘現象，在所有的研究對象中只有 80% 的人能夠做到準確回憶。隨著時間的推移，回憶的準確率還會不斷下降，等到 18 秒以後，能夠做到準確回憶的人只剩下 10%。也就是說，在無複述的情況下，人們的短期記憶力只能維持 5 至 20 秒的時間，最長也不會超過 1 分鐘。

科學研究發現，短期記憶是有容量的，這種容量又被稱為記憶廣度，是指在記憶資訊被呈現後，人能夠記起、回憶起的最大數量。美國心理學家喬治米勒（George Miller）研究發現，人們在隨機記憶一組 3 至 12 位的隨機排列的數字表時，能夠被記起並回憶出來的最大位數為 7 加減 2 位。

根據這一實驗結果，米勒認為：人短期記憶可以儲存的資訊量是 7（加上或減去 2 個）個組塊（組塊則是一個有意義的資訊單元，可以是一個字母、一組單字或者一句話）。以中文的研究結果來說，測定短期記憶的廣度是：「無關聯的漢字一次能夠記住 6 個，10 進位的數字可以記住 7 個，線條排列可以記住 5 個，如果記憶的資訊是有意義、有關聯，或者是人們所熟悉的，那麼記憶的廣度還會增加。」

根據以上的研究發現，人們找到一種可以有效提升短期記憶力的方法，這種方法要求人在進行短期記憶的過程中可以將小的資訊單位結合成被人們所熟悉的、較大的資訊單位，這樣就可以最大限度地提升人的短期記憶力能力。

將記憶對象結合成組塊的目的有兩個：第一，將時間和空

間上非常接近的單個項目組合起來,使之成為一個相對較大的組塊;第二,利用一定的知識經驗把單個的項目組成有意義的塊。這樣一來就達到了將記憶資訊進行加工成為組塊,造成擴大記憶容量的目的了。在上文中,歡歡教小嵐的記憶方式就是將電話資訊進行加工,使之成為有意義的組塊的記憶方法。

　　研究發現,短期記憶不但保存的時間很短,而且還很容易受到外界的干擾影響。只要在行為人進行短期記憶的過程中,對其插入新的記憶活動(比如一些噪音或者其他與記憶無關的響動等等),阻止其對記憶資訊進行複述的可能,那麼行為人記下的資訊就會馬上消失,而且不能恢復。所以在進行短期記憶的情況下,一定要注意保持周圍的環境安靜,使記憶者不會被外界因素所干擾。

第二節　提升長期記憶法

　　趙晨曦以優異的成績被一所大學錄取，並在入學兩年之後就獲得了該校公費出國留學的名額。家人都為晨曦所取得的成績感到驕傲，他們決定在趙晨曦暑假返家的時候給她一份驚喜。

　　家人們在趙晨曦毫不知情的情況下，為她訂製了一個足足有十層的奶油水果大蛋糕，以此喻示趙晨曦的人生將會十全十美，生活也會甜美富足。

　　第二天，返家的趙晨曦果然被這個讓人驚喜的禮物感動了，她非常開心，一瞬間覺得自己多年寒窗苦讀終於得到了應有的回報和認可。這可能就是世界上最美妙的滋味了吧，這種激動和喜悅的心情讓她一輩子也不能忘記。

　　趙晨曦邀請親朋和她一起分享這代表著幸福和美滿的蛋糕，這蛋糕也寄託了她和家人對美好未來的企盼。

　　時光飛逝，終於到了趙晨曦出國留學的日子。在告別了依依不捨的家人之後，趙晨曦滿懷信心地踏上了通往異國的旅程。對於這次出國留學，趙晨曦也是做了十足準備，她專門對英文口說進行了特訓，現在她的口說水準就連學校的英文老師都是十分讚許的。可是等趙晨曦到達英國之後，她遇到了一個非常嚴重的問題。

原來，到英國留學，趙晨曦雖然得到了一筆助學金，但這些錢僅僅夠她維持生活，所以她決定外出打工賺錢。在尋找工作的過程中，趙晨曦發現，她在國內備受英文老師稱讚的英文口音，在英國當地是非常「獨特」且「另類」的，這讓她不得不重新學習「純正」的英文發音。

趙晨曦的學習過程非常不順利，她總是很快就把那些「牢牢」記在腦海中的英式英文發音忘掉，這讓她很痛苦。幾個月過去了，趙晨曦一直沒找到解決問題的辦法，她的英文發音還是一如既往的「怪異」。

每當趙晨曦深感苦悶和絕望的時候，她的腦海中都會馬上出現家人與她一起分享大蛋糕的畫面，這個畫面一直默默地為趙晨曦加油、打氣。

在隨後的日子裡，趙晨曦堅持每天與英國本地人交談，即使不參與對話，她也要認真傾聽英國人講話。此外，她還購買了大量她所最喜歡的英文歌曲專輯來聽，並時不時地參與一些演講比賽，努力讓自己適應英式英文的發音。趙晨曦還將英式英文發音與原來掌握的發音的異同之處全部列舉出來，以此來增強自己對英式發音的記憶。一年以後，在趙晨曦堅持不懈的努力下，她終於掌握了英式發音。

後來，在一次關於長期記憶力的講座上，趙晨曦終於弄清楚了導致她英式英文發音學習困難的真正原因。原來，她學習英式英文發音的過程中，一直都被原來學習過的發音所干擾，

開始學到的發音一直在抑制後來學習的英語發音，所以才讓她在學習過程中吃盡了苦頭。

專家認為，像趙晨曦在學習過程中遇到的問題，是很多學生在學習的時候經常遇到的，這種問題的根源與長期記憶的特性有關。長期記憶又被稱為永久性資訊儲存，意思是指這種記憶能夠得到終身性或者永久性的儲存。趙晨曦在學習英式英文發音之前已經學習過一種英文發音方法，這種發音是被她牢牢記住的，正是她腦海中的一種長期記憶，這種長期記憶會在她學習新發音的過程中阻礙其記憶。

研究發現：人在學習的過程中，先學習的內容會對後學習的內容的辨識或回憶產生干擾、抑制作用，該作用又被稱為順攝抑制。順攝抑制是大多數學生在學習過程中遇到的最大難題，想要解決這一難題，就必須弄清楚長期記憶儲存資訊的方法。

研究發現：記憶的方式分為內隱記憶和外顯記憶。內隱記憶是指，思維主體事先沒有記憶的意圖和目的，也沒有付出很大腦力或者採取記憶策略、手段，這些被記憶的資訊完全是自然而然地被大腦納入長期記憶中的。

這種內隱記憶與思維主體的人生經歷、興趣、愛好、職業、關注點以及目的、動機有著密切的連繫。簡而言之，對思維主體有重大影響且能夠激發思維主體產生強烈情感的事件都會被思維主體內隱記憶。比如，本文中的趙晨曦在收到家人祝

福以及那份大蛋糕的時候，就無意中將當時的畫面及感受牢牢地記在腦海中，成了一段具有強大能量的長期記憶。

在現實生活中，可以透過這種讓思維主體產生劇烈情緒波動的方式來增強他的長期記憶力。思維主體在情緒波動劇烈時所記住的資訊是絕對穩定且可以被大腦長久儲存的。但又因為內隱記憶具有很大的偶然性和選擇性，僅憑藉這種記憶方式是不能夠讓人們獲得系統性的知識或者能力的，所以在生活中常被人們使用的記憶方式是外顯記憶。顧名思義，有外顯記憶就是指思維主體有預定記憶目的、有策略、有計畫地使用某種方法對知識進行記憶。在本文中，趙晨曦在學習英式語法時就曾使用了外顯記憶法。

研究發現，後學習的知識也會對先前學習的知識產生抑制和干擾作用，該作用稱為倒攝抑制。但先後學習的知識性質不同程度越高，倒攝抑制對長期記憶功能的影響也就越小。由於順攝抑制和倒攝抑制的存在，使得很多人在記一篇文章的時候，會出現記得開頭、結尾，而忘記中間部分的現象。所以在學習的過程中，可以人為地將前後所學的內容盡可能地區分開來進行記憶，這樣就能讓長期記憶力獲得長足進步，所記的內容也會變得更為深刻。除此之外，還可以巧妙地選擇時間段進行記憶，例如清晨醒來時，由於沒有先前記憶資訊的順攝抑制作用，記憶效果會比較好；入睡前，由於沒有此後記憶資訊的倒攝抑制作用，同樣可以提升記憶效率。

第三節　提升情節記憶法

　　劉奶奶一大早就起床了，她要趕著為孫子準備早餐，以免耽誤了小傢伙的上課時間。時間已是深秋，但室內卻沒有任何寒意，劉奶奶熟練地忙碌起來。劉奶奶想著自己要將早飯做得更美味一些，好好替外孫補一補。這孩子跟著父母，幾乎很少能夠吃上熱騰騰的飯，既然這次過暑假，小孫子要在自己家附近上補習班，那無論如何也要讓他吃好住好。

　　其實，劉奶奶一直想要親自帶孩子，但女兒堅持要由他們夫妻倆來帶，理由是不想讓母親再這麼操勞。劉奶奶嘴上不說，但心裡還是有些不悅的，她總想帶外孫怎麼會累呢？我可是就這一個外孫。

　　等外孫吃過早飯，劉奶奶親自將他送到補習班上課。分別的時候，小外孫回頭親熱地對劉奶奶說了一句：「外婆再見！」

　　「再見。快去吧，小心臺階。」劉奶奶臉上的皺紋全部舒展開了，她心裡湧動著一股熱呼呼的暖流，說不出的舒坦，就連忙碌了一個早晨的疲憊身軀也變得輕盈起來。

　　劉奶奶哼著歌搖搖晃晃地回到家，然後約了幾個鄰居一起去了菜市場，準備購買午飯需要用的食材。其實，劉奶奶是不喜歡和這些鄰居一起買菜的，她是一個喜歡清靜的人，但是因

為年紀大了，她有幾次去菜市場的時候都走錯了路，所以才不得不和這些鄰居一起買菜。上午十點鐘左右，劉奶奶將魚湯熬上，然後就去補習班接外孫回家，但她卻沒有如約趕到孫子上課的補習班。

中午 12 點，補習班其他的學生都已經被家長接走了，可劉奶奶依然沒有出現。學校的老師急忙撥通了劉奶奶女兒的電話。經過一番緊張的尋找，劉奶奶終於被警方找到了。原來，劉奶奶在去接外孫放學的時候，突然間記不起外孫上學的地點了，她又著急又慌亂，六神無主之下竟然跑到了和外孫所在位置相反的方向。一直等到警方找到她，劉奶奶才順利接到了外孫。

女兒很擔心劉奶奶的狀況，她將母親送往醫院檢查，結果發現，因為年齡以及生活習慣的原因，劉奶奶大腦中的海馬迴出現了輕度退化的症狀。在醫生的詢問下，劉奶奶的女兒告訴醫生，她的母親早就有過幾次「迷路」的經歷，但因為並沒有引起很嚴重的後果，所以家人都沒有將那些狀況放在心上。

在得知了前因後果之後，醫生推斷，事發當天，劉奶奶的遺忘症狀已經很嚴重了，因為海馬迴是主導情節記憶的重要腦部結構，它的退化使得劉奶奶不能夠好好地協調時間、地點以及事件這三個因素，所以才使劉奶奶迷路的情況更加嚴重，又因為劉奶奶對外孫的關心程度很高，她的情節記憶讓她牢牢記住了中午接外孫回家這一個指令，所以她才會在接孩子的路上走失。醫生馬上為劉奶奶進行了藥物治療，並安排劉奶奶的女

兒幫她回憶生活中對她有意義的事情。一個多月後，劉奶奶才慢慢恢復了正常。

科學研究發現，在人的眾多記憶種類中，情節記憶是屬於成熟最晚的記憶模式，這種記憶模式還是最容易受到年齡增長，人體老化情況影響的記憶。由於情節記憶是以空間和時間為座標對思維主體親身經歷、耳聞目睹的事情進行記憶，所以在該記憶模式出現問題的時候，思維主體就會出現遺忘時間或者地點的現象，就和本文中劉奶奶出現的情況非常類似。

在現實生活中，人的大腦雖然會自動忽略那些在日常生活中經常出現、司空見慣的瑣事，但也會對具有意義或者順序分明的事件進行清晰的記憶。情節記憶就是以時間及空間為座標的記憶，所以該記憶在形成之初是非常牢固的。科學家根據這一特徵，研究出了能夠藉此增強記憶力的情節記憶法。這種記憶方法又被稱為超級情節記憶法，是記憶英文、文法以及一些文字、公式等抽象資訊的最佳方法。

由於人的右腦對圖片有著非常敏銳的感知和反應能力，所以如果將枯燥的外語詞句、文字、公式等內容以生動、具體的圖片完美地轉換並展現出來，就可以讓思維主體在不知不覺的情況下在圖片資訊和英文單字之間建立直接關聯，一旦這種關聯成功建立，就能讓思維主體將這些抽象的知識和資訊牢牢地記下來。

在電影《惡魔島》（*Papillon*）裡面就有這樣一段有意思的

對話。美國聯邦調查局要求一名曾經從惡魔島監獄內逃出來的人，畫出逃亡時所經過的監獄排水系統的明確路線，以便於警方進入調查。當時這人回答說：「雖然我現在記不起來了，但等我回到那個島上，我就知道該怎麼走了。」由此可見，熟悉的情景還有幫助恢復記憶的功能。

美國心理學家布斯曾經做過這樣一項研究，他發現讓一個人在酒醉的情況下學習某種知識，然後分別讓他在酒醒之後和再次酒醉時對所學的知識進行回憶，結果發現，這個人在再次喝醉的情況下回憶的知識最為完整。而且如果一個醉漢在喝醉的時候藏了某樣東西，那麼他在清醒的時候很難想起自己到底藏了什麼，但是如果他再次喝醉，他就能夠記起自己藏了什麼、藏在哪裡了。

布斯認為，人可以有意識地利用環境資訊來使自己的大腦產生靈感，並以此達到加深記憶的目的。比如在一個人喪失記憶或者想要想起某件事情的時候，就可以讓這個人回到當時發生這件事情的地方、場景中，進行記憶的恢復。在記憶新事物或者新知識的時候，也可以將自己置於一個自己所喜歡的、熟悉的環境中進行記憶，在記憶的時候再利用上述的情節記憶法，就可以輕鬆達到記憶的目的。

第二章

打好基礎的記憶方法

第一節 丹田呼吸法

小明和阿韋是兒時的死黨兼好友，兩人在同一家醫院裡出生，在同一個院子內長大，在同一所學校裡上學，而且兩人的父母相處得也不錯，所以在二人還很小的時候，便已經結下了非常深厚的友誼。若不是現在的社會不流行「結拜」這套把戲，猜想二人早就結為異姓兄弟了。

時光流逝，小明和阿韋都讀到了高三，這麼多年以來，小明的成績一直很優異，深得老師的喜愛，而阿韋的學習成績一直處在中等偏下的位置，從來都是老師眼中可有可無的存在。

成績的好壞從來都沒有影響小明和阿韋之間的關係，所以阿韋也就沒有認真思考過這個問題。直到大學考試來臨，阿韋才慢慢為自己的成績擔憂起來。

這幾日，阿韋為了能夠和小明考進同一所學校，開啟了夜以繼日的瘋狂讀書模式。雖然這一次他很用心，但由於高三需要複習的內容太廣，他在之前念書的過程中又「光榮」地發揚了丟三落四的精神，使得他不得不從頭開始複習。這種填鴨式的讀書方式，對學習者的記憶能力有著很高的要求，而阿韋顯然並不具備這一個優點，所以他費盡心力開啟的瘋狂讀書模式並沒有取得好的效果。

　　小明同樣為阿韋感到焦急，他在仔細詢問了阿韋在讀書過程中遇到的問題後，馬上就想到了一個可以解決問題的辦法 ——丹田呼吸法。

　　阿韋讀書之所以效果不彰，就是因為他欠缺良好的記憶能力，雖然自己曾經教過他丹田呼吸法，但他從來都不相信這種方法能夠讓他的成績變得更好。現在無論如何也要讓他再試一試這個辦法了。

　　小明再次向阿韋講述了丹田呼吸法的竅門，並要求阿韋在讀書的時候堅持使用該方法進行呼吸。一開始阿韋有些將信將疑，他一直都不相信這種帶有神祕色彩的丹田呼吸法可以讓人變得聰明，但此時已經別無他法，所以也就老老實實地按照小明的要求做了。

　　一個月後，阿韋的成績有了非常明顯的提升，還發現自己的精神狀況越來越好，再也不會在讀書的時候出現打瞌睡的現象，而且隨著堅持使用丹田呼吸法，他覺得自己的體力越來越充足，思維變得清晰、敏捷，好像身體中的潛能被完全開發出來一樣。就這樣，阿韋堅持使用該方法，學習效果得到明顯的提升。

　　研究發現，空氣中含氧負離子會在透過呼吸系統融入血液的過程中，釋放出離子電荷，並隨血液運送至腦部，使腦內中樞神經功能得到增強，腦內合成有益物質的能力大幅提升，以此來保證大腦始終保持處在清醒敏捷的狀態。

古人就非常重視養生呼吸之法，這些呼吸法種類繁多，所求目的各不相同，但歸根到底都是結合呼吸進行「氣息」鍛鍊的方法。丹田呼吸法又被稱為腹式呼吸法，是最基礎且易於掌握的呼吸法法。透過有節奏的呼吸，可以造成開發腦功能，增強記憶力的作用。

現代社會中為人們所熟知的呼吸法就是瑜伽功法了，這種呼吸法的主要目的是透過有節奏的呼吸使人的神經系統變得更加平和，造成平靜心靈的作用，在這裡就不多作介紹了。我們主要講的是如何透過丹田呼吸法來為大腦輸送大量氧氣，這些氧氣就是大腦進行運算、學習、記憶所必不可少的「燃料」。

美國加州心理學家羅伯特‧雷維拉透過實驗發現，人在進行過深呼吸之後，智商就會上升 10 ～ 20 分左右，並據此推出了丹田呼吸法的淺顯做法 —— 深呼吸。深呼吸要求人們用力呼吸，在吸氣的時候讓腹部凸起，盡量讓下腹向外膨脹，使下腹達到弧狀形態，呼氣時緩緩將氣息吐出，並使下腹在這一過程中向內凹陷，整個呼氣的過程應該以緩慢、綿長且不中斷為佳，以保證大腦從血液中獲得充足的氧氣。

坐臥式丹田呼吸法要求我們先以舒適的姿勢坐在椅子上或者躺在沙發、床上，保持放鬆的姿勢，閉上眼睛，用鼻子緩慢地深呼吸，盡力吸氣，慢慢呼氣。幾分鐘後，等身體適應了深呼吸的狀態再慢慢吸氣，並在吸氣的過程中從 1 默數到 4，然後屏息，屏息的同時再從 1 數到 4，然後緩緩呼氣，同時從 1 數到

4，氣息呼盡之後再屏息，並從 1 數至 4。吸氣、屏息、呼氣、屏息作為一個循環，如此反覆循環，即算掌握了初步坐臥式呼吸法。

待身體適應 4 循環之後，即可讓呼吸再緩慢一些，呼吸的同時將數 4 變為數 6，即吸氣的同時默數 1 ～ 6，然後屏息，默數 6 個數字，再呼氣默數 6 個數字，再屏息默數 6 個數字。如此進行幾個循環之後，再次讓呼吸變得更緩慢一些，並在呼吸的同時默數 8 個數字，即吸氣時從 1 數至 8，屏氣時從 1 數至 8，呼氣時從 1 數至 8，屏氣時從 1 數至 8，如此作為最終循環。

在現實生活中，如果能夠將坐臥式丹田呼吸法熟練掌握，並將該呼吸法運用到日常生活中，那麼就能使大腦保持在最敏銳、最寧靜、最清晰、有最強記憶能力的狀態。除了坐臥式丹田呼吸法之外，還有立式丹田呼吸法。

立式丹田呼吸法要求人們在站立時，雙腳微微分開，在用鼻子呼吸的同時想像自己正在做一個幫肚子內的大氣球打氣的動作，慢慢地吸氣，數到 8，然後屏息數到 4，然後呼氣，數到 8，最後屏息，數到 4。在做立式丹田呼吸法的時候，腳趾要牢牢地抓緊地面，如此循環 4 到 5 次便可迅速消除疲勞，使大腦進入高速記憶狀態。

有研究認為，如果在進行丹田呼吸法的過程中，思維主體腦海中的雜念太多，並不能順利消除的話，那麼就應該在採用丹田呼吸法進入狀態的同時，在腦海中默念一些有助於提升腦

功能的句子。比如：「我的眼睛越來越明亮，看得越來越清楚，我的頭腦越來越清晰，思維越來越敏捷，記憶力越來越強，什麼事情都能牢牢記住；我的精力越來越充足，理解能力越來越強，什麼問題都能一看就懂，一解就會。」

這些話會隨著丹田呼吸法的運用，把思維主體腦海中的雜念驅除，並將注意力集中到提升記憶力這個問題上。而且這些在進行丹田呼吸時所默念的話語可以在思維主體的潛意識裡樹立起很強的自信心，讓思維主體徹底丟掉自卑，重拾自信。

第二節　提升觀察力法

　　李小玉在學校裡很有名氣。她既是學校老師眼中的學習標竿，又是同學們心目中的「學習魔人」。李小玉是三年級二班學習最認真、最用功的學生。她幾乎沒有知心朋友，她的時間大部分都花在了讀書上，但她的成績卻並不是班級裡優秀的。

　　小玉的生活很單調。如果你有事情需要去找她，除了熄燈之後，她一定就在教室內苦讀。小玉的念書生活非常枯燥，她一如既往的堅持是其他同齡人難以想像的，從來沒有同學願意嘗試一下「小玉式」的學習過程，這也是小玉「不合群」的另一個原因。

　　每當老師在課堂上看到有不專心或者睡懶覺的學生時，都會用小玉的例子將其狠狠地教訓一番，所以在某種程度上，小玉也成了這些「壞學生」的眼中釘。久而久之，針對小玉的謠言在校園內慢慢地流傳開了。

　　「欸，你知道三年級二班的李小玉嗎？」「知道知道，不就是那個死學也不成功的蠢材嘛，全校誰不知道她？要是老子我努力一下，早就是前三志願的學生啦，哪像她那樣半死不活的。」「別吹牛，搞不好小玉是腦子有問題，否則怎麼會這樣苦讀都沒有成果呢？」

　　類似的謠言就像洪水猛獸一般不斷地向小玉發起攻擊。這些謠言最終使一直承擔著巨大讀書壓力的小玉崩潰了。因為她接連幾次做出了輕生的舉動，學校不得不讓她休學回家，接受心理治療。為了拯救小玉，父母帶著她前往首都接受治療。在這裡，精神科醫生明確地指出小玉的智商是沒有問題的，這一診斷結果讓小玉重新燃起了希望之火。

　　精神科醫生還認為，小玉之所以沒能在勤學苦練之下取得優異的成績，很可能與她不具備敏銳的觀察能力有關。很多能夠做出一番成就的人物，並不是因為他們比其他人更聰明，而是因為他們有著其他人不曾擁有的發現問題、探究問題的能力。對於處於成長期的孩子們來說，良好的觀察力更是直接影響了他們的成長與記憶。

　　要知道，在正常情況下，人們認識事物都是由觀察開始的，然後才會開始注意、記憶以及進行思考的過程。假設思維主體的觀察力不夠，那她對記憶對象的印象往往是非常模糊且不真切、不鮮明的，所以思維主體在回憶過去感知過、記憶過的事物時，所得到的結果也就是模稜兩可，似是而非的，自然其記憶活動所取得的效果就很差。可以說觀察力就像樹木生存的土壤一樣，在一定程度上決定了思維主體的成長程度和記憶深度。

　　精神科醫生認為小玉經常獨處，生活在一個單調枯燥、缺乏刺激的環境中，那麼她所獲得的觀察機會就會大大減少，大

腦中的大部分腦細胞一直處在不活躍的狀態下，這在一定程度
上會影響大腦的發育。所以醫生認為小玉應該特別進行觀察力
訓練，只有這樣才能解決她在學習道路上遇到的難題。

　　果然，經常有意識地鍛鍊自我觀察力的小玉終於克服了學
習中所遇到的困難，她在復學後奮力向前，用自身的實力駁斥
了流言蜚語，並以全校第一的成績成功考上了公立高中。

　　研究顯示，觀察力的培養要從小開始。如果思維主體可以
從小自覺自發地認真觀察身邊發生的各種現象，養成用心觀察
的興趣和習慣，那就可以透過直接感受累積對各種現象的感性
認知，提升自己的觀察能力。

　　一般情況下，想要擁有敏銳的觀察力，首先就要確立明確
的觀察目的。在對某個事物進行觀察的過程中，首先要確定觀
察該事物的目的和動機，然後再有針對性地制訂觀察方法，這
樣才能將注意力集中到被觀察的事物上，抓住該事物的本質特
徵。有目的性地進行觀察，才能盡快提升自身的觀察力。

　　順序觀察法是提升觀察效率的方法之一。這種觀察法要求
思維主體在進行觀察的過程中按照一定的順序來觀察事物的發
展過程。比如按照事情的先後發展順序或者整個事件的時間順
序，也可以根據場景的空間順序進行觀察。這樣一來，我們觀
察到的事物就有非常清晰的脈絡，便於被思維主體所記憶。

　　比較觀察法則是將兩種或者兩種以上的事物進行比較，使
思維主體了解到事物之間的相同點和不同點，然後進行區分、

記憶。該方法的目的是為了更明確地將不同事物區分開來，然後對事物進行分析，讓思維主體能夠更清晰地分辨出事物的不同本質，為其留下較為深刻的印象。

定點觀察法則要求思維主體在對某一事物（多指建築物、器物）進行觀察之前，先選擇一個觀察點，在確立了觀察點之後，思維主體立足於觀察點對事物進行觀察。這種定點觀察法多被畫家作畫、攝影師攝影時所使用，定點的好壞決定了畫作和圖片的好壞。這種觀察法的好處是，可以透過觀察某一點、某一處、某一面的具體景物形象特徵，來使思維主體獲得深刻的印象，更有利於記憶儲存。

隨意觀察法是指思維主體在偶然的情況下接觸到被觀察的事物或對象，然後在有意無意之間對被觀察事物產生了興趣，順便對該對象進行觀察。這種觀察法因為是在思維主體的日常活動中自然採用的，所以能夠得到很多刻意觀察時所得不到的資訊，見人之所未見。

累積觀察法是指思維主體將平時所觀察到的現象記錄下來，養成累積觀察資料的習慣。這種觀察法是培養觀察習慣的重要方法，它不僅能夠透過系統化的觀察、記錄來提升思維主體的觀察能力，還可以豐富思維主體的想像力、記憶力以及思維能力。在使用這種觀察方法的過程中一定要嚴格要求自己，在記錄的時候切忌含混不清的現象出現，記錄的資料應全面、及時、準確。

　　重複觀察法是指，思維主體在同一時間對同一事物或者現象進行再次或者多次觀察。這種反覆觀察的方法往往能夠透過事物的表象看清楚它的本質，而且有些事物的發生或者發展的特徵與週期也要求觀察者必須對其進行重複性的觀察。重複性觀察的目的就是為了更深刻、更全面地接近、揭示事物、事件的本質，這種看似簡單、機械化的觀察方法才是不斷進步，不斷接近事實、接近真相的觀察法。

第三節　優選記憶法

在學校裡，總會遇到一些靠著考前突襲博取名次的人。這些人平常並不熱衷於學習，常常只是在考前做一番複習，便能在考試中取得優異的成績。這種人彷彿是有一種特異功能，在不作弊的情況下，每次考試後都能取得他人拚命努力都無法得到的好成績。

雖然從求學的角度上來講，這些人的行為帶有投機取巧的嫌疑，但該學習模式所帶來的高效率和出色成果也是莘莘學子所追求的。小朱就是其他人眼中具備這種特殊才能的人。

小朱是一個性格沉悶、少言寡語的人，他雖然從小就喜歡獨處，但卻從不讓家人操心。上學之後，小朱雖不曾蹺課，也從不和其他成績不好的學生廝混，但他也從來都沒有認真讀書過，可是他的成績總能進入班級前三名。

對於老師和同學來講，小朱就是屬於那種不認真讀書，但總能考出好成績的「特殊人才」。由於擁有這種被其他學生所羨慕的「特異功能」，小朱漸漸地混出了名聲。

每當有人向小朱請教如何能夠不學習也能考出一個好成績的時候，他總是微笑著搖頭，久而久之，也就沒有人願意和這個喜歡藏招的「悶葫蘆」接觸、請教了。憑藉著這種特殊才能，

小朱順利地考進了高中。

高中的課業愈發繁重，小朱也有些難以應對，他再也不能輕輕鬆鬆地考進前三名了。想要維持成績不下降，他必須盡快找到消化繁重課業壓力的方法。

在一個偶然的機會下，小朱意外地發現了一個對自己非常有用的方法。那是在一次實驗課上，老師大致講解了一番「優選實驗法」。小朱發現這種優選實驗法的本質、目的和自己複習時所使用的方法是相通的，這無疑誘發了他對該方法的極大熱情。

課後，小朱透過查閱資料慢慢揭開了「優選實驗法」的面紗。優選實驗法是以數學原理為指導，在不增加裝置、投資、人力、器材的條件下，進行合理化的實驗安排，以盡可能少的實驗次數，盡快找到解決生產實驗和科學研究中難題的最優方案。該方法不但在本質和目的上與小朱之前的學習方法不謀而合，而且這種方法相對於他此前使用的粗糙方法來講，是更加成熟且有條理的。

小朱快速找到了優選實驗法的應用方案，然後他結合該方法找到了解決課業繁重難題的辦法——「優選記憶法」。憑藉這種方法，小朱的成績再次進入了班級前三之列，並如願考入了心儀的大學。

優選法的應用範圍極廣，尤其是在攻克困難議題的過程中發揮了極為重要的作用。優選法可以合理地安排實驗資源，在最短的時間內找到解決問題的最佳方法、途徑。優選記憶法

脫胎於優選法，該方法是將優選法進行歸納，再應用於提升記憶力。

優選記憶法能夠幫助思維主體在進行記憶的時候，針對所需記憶的資訊進行最佳化選擇。簡而言之，就是把思維主體當前最需要的、最實用的、最有幫助的數據資料從眾多資源中挑選出來，進行優先、重點記憶。這樣一來，思維主體進行記憶的效果就會更好。下面我們就來了解一下優選記憶法的要點：

1. 優選記憶法要求思維主體要樹立明確的記憶目標。

這是整個優選記憶法中尤為重要的環節。首先，思維主體要明確地掌握自身需要學習或記憶的內容，然後再按圖索驥，找到與之相關的參考資料。在這個選擇的過程中，思維主體完全可以找在該領域有所成就的專家、學者或者教師，請他們為自己開一個書單，挑選出具有代表性或反映這個專業最新科學研究成果的資料，然後再有目的地對書單上的資料進行優選，以達到優中選優、精益求精的目的。

2. 優選記憶法要求思維主體要弄清所學知識之間的關係。

在優選學習材料之後，思維主體必須搞清楚所學知識之間的結構關係，然以自身主攻的專業方向為學習骨架，圍繞該主攻專業建立屬於自己的知識體系，依次建立知識結構網路。這樣做的目的是為了使思維主體在進行記憶的時候能夠好好地甄別主次，有詳有略、有長線有短線地進行記憶。

3. 優選記憶法要求思維主體在記憶過程中做到提煉重點、

掌握綱領。

　　在選好資料，定好方案後，思維主體在進行記憶的過程中應該優先將必要的重點和知識的主線抓住，優先進行記憶，而其他雜亂的、只造成輔助作用的知識則放到次一級記憶任務中去記憶。

第四節　概括記憶法

　　某個縣市的 A 高中向來是該市學子首選的升學高中。多年以來，A 高中的風頭之所以一直都沒有被其他學校超過，是因為該市每年的榜首只會出現在 A 高中。因為 A 高中名聲在外，所以每年都有莘莘學子前來求學，學校也就自然而然地彙集了數量眾多的高材生。儘管高材生難得，但學校還是願意把優秀的學生集中在一個班級進行管理，以此來培養出最優秀的學生。

　　A 高中三年四班就承擔了為該校培養「榜首」的重任。之所以是三年四班，主要是因為該班級的導師 ── 李老師，他總能將所帶班級內的學生變得極為出色。這種讓優者更優的能力一直被學校所肯定，所以校方總是優先將優質的教育資源向三年四班傾斜。

　　李老師馬上就要到退休的年紀了，他面目愁苦，整日裡不苟言笑，嚴肅認真。那些不熟悉李老師的人一定會覺得他是一位嚴厲、古板的老教師。事實上，李老師是一個非常溫和開明的人。

　　李老師思想前衛，他認為一個人成績的好壞與其記憶力有著極為重要的關係。李老師在讀有關海歇爾拉比的書籍時，發現了一段有趣的記載：有一次，海歇爾拉比向他的一位學生借了一本書讀，不到三天的時間，海歇爾拉比便把這本書還給了

那位學生。學生詫異地問道：「您這麼短的時間就讀完了嗎？」「是的，非常感謝，我已經用我的方式讀完了。」海歇爾拉比回答道。

原來，海歇爾拉比將這本書整理概括之後進行記憶，在短短的三天之內便已經全部記住了。李老師還發現相對於其他知識來說，學生們記憶名人名言的速度就要快出許多，而且如果在講課即將結束的時候，老師能夠將該節課所講的知識進行概括性的總結，那就能夠讓學生留下很深刻的印象，學生再進行記憶的效率也就會大大提升。

多年以來，李老師將自己關於記憶的經驗總結出來，他結合當前社會上最流行的記憶方法總結出了一套化繁為簡的記憶方法 —— 概括記憶法。只要李老師開始帶班級，他就會教學生這種記憶法。現在的三年四班的學生，從第一堂課開始，就已經在潛移默化的過程中學習了概括記憶法的要訣，這也正是三年四班能夠在人才雲集的 A 高中一路領先的原因。

古人云：「百鍊為字，千鍊成句。」講的就是一種概括，目的就是為了用簡潔精鍊的字句表達出豐富深刻的內容。一位著名數學家就認為：人在研究學問的時候，要做到先將書讀厚，然後再把書讀薄。

在最初求學的時候，要對書中的內容仔細推敲清楚，不懂的地方就要加以註解，這樣我們就會學到很多書中沒有的知識，也就達到了將書讀厚的目的。

書讀厚之後，我們就應該對所學到的內容咀嚼消化、組織整理，將知識中具有關鍵性的問題、內容找到並提煉出來，然後再進行記憶。這樣我們記憶的過程就會變得更輕鬆，所記憶的內容也就更為牢固，而這個過程就是將書讀薄。

概括記憶法就是將思維主體所需記憶的材料進行提煉，找到材料中的關鍵性要點的記憶方法。所以說，概括記憶法的初衷和「把書讀薄」是相同的。

概括記憶法主要分為五種：

1. 主題概括法，即提煉出思維主體所需記憶資料的主題思想、大綱、主線，將這三者總結串聯起來，產生貫穿全篇的作用。事實上，不論思維主體選擇記憶的是哪種資料，只要用心總結，都能找到這些資料的主題思想。

比如，亞佛加厥定律：「在相同的溫度和壓強下，相同體積的任何氣體都含有相同數目的分子。」這樣一段抽象的表述，很多人都需要記憶很久才能將定律記牢。但如果我們用主題概括的方法對這一段話進行提煉，那就可以將這個定律初步提煉為：在同溫、同壓的條件下，同體積的氣體含有相同的分子數，然後可以繼續壓縮為：同溫、同壓、同體、同分。這樣一來，相信思維主體就可以輕鬆地將其牢牢記住了。

2. 內容概括法，即對思維主體所需記憶的長篇資料進行壓縮、精簡、概述。在現實生活中，很多所需記憶的資料都以長篇的形式出現。這些長篇資料的字數至少都有幾千字，如果不

對其進行壓縮處理，那就很難掌握和記憶。

　　所以，在記憶長篇資料的時候，思維主體應該運用內容概括法，將所需記憶資料中的關鍵內容找出來，從上而下地對整篇文章進行壓縮、精簡、概括，使整篇資料變得短小精悍，然後再對其進行記憶。等到將這些短小精悍的內容記熟之後，再據此來記憶其他內容，這樣就能很快將資料記住了。

　　3. 簡稱概括法。該方法主要針對一些長的詞、名稱、概念性短句等詞彙進行高度簡化，以便於被思維主體所記憶。在現代漢語中，這種簡稱、概括性的詞彙早就融入了人們的日常生活之中。

　　比如：「美利堅合眾國」簡稱為美國、「東南亞國家聯盟」簡稱東盟、「北大西洋公約組織」簡稱北約等。最有意思的是泰國，泰國首都全稱長達 167 個拉丁字母，當地人將其簡稱為「恭貼」，華僑音譯為「曼谷」。4. 順序概括法。顧名思義，該概括法就是按照記憶資料的順序進行概括，在思維主體進行記憶的時候，突出其順序性。這種記憶方法的最大好處就是可以防止記憶出現錯誤。

　　5. 數字概括法。該方法是用數字來對所需記憶的資料進行概括。

第五節　卡片記憶法

　　自從英文成為學業主科之後，很多人都大感頭痛。在城市裡，由於英文教育普及得早，很多小朋友在幼時就接觸了基本的英文教育。所以，大部分學生還是可以跟上英文課程的學習進度的。只不過這些為了能跟上英文課程學習進度的學生們，在學英文的過程中所花費的精力是非常多的，更別提那些對英文興趣欠缺、牴觸的學生了。

　　可以說，學英文是一件很費腦筋的事情。現如今，學英文的主流方式就是讓學生堅持不懈地背誦單字、課文，以機械記憶的方法來掌握這門語言。很多學生在高中之前並不特別看重英文對升學考試的作用，一般都是等到上了高中之後，才意識到英文成績的高低是多麼的重要。到了這個時候，想要將英文補上，就需要下很大的功夫了。韻文就是這類學生中的一員。

　　自從上了高中之後，韻文察覺到自己的英文能力已經不足以應付她必須通過的英文考試了，這讓她非常苦惱。韻文苦苦思索，想要找到解決這個問題的辦法。起初，韻文就是主動向班級裡的那些英文成績好的同學們「取經」，但這些學生給她的答覆和老師在課堂上的諄諄教導沒什麼兩樣，這讓韻文非常苦惱。既然在學校內找不到解決的辦法，韻文只好向父母求助。

　　韻文的父母對此也大感頭痛，他們也給不出更好的建議。思

前想後，二位長輩只能安排韻文去一家口碑很好的英文補習班補習。雖然韻文十分排斥補習這件事，但是為了能夠解決掉英文「扯後腿」這個難題，她也不得不抱著試試看的心態去嘗試一下。讓韻文意想不到的是，這次補習的效果竟然出乎意料的好。

在這家補習班裡，韻文除了學習一些課本上的知識之外，還學到了一種很「別緻」的學習技巧——卡片記憶法。這種記憶方法十分有趣，既可以在一個人的時候單獨使用，也可以與幾名同學一起進行記憶。在使用這種記憶方法的時候，必須要有手、眼、腦等器官的共同參與，這些器官的相互協同，進一步增強了記憶的效果。

韻文還發現，每當自己在卡片上一字一句地抄錄詞句的時候，她對這些陌生的詞彙都會產生一種更深層次的理解，不僅能夠從中領悟到詞句所蘊含的意義，還能透過這些詞句連結到一些相關的知識。

在經過一個多月的補習之後，韻文徹底掌握了這種記憶的方法，她不僅在學英文的時候使用卡片記憶法，還一步步將這種記憶方法應用到記憶其他科目知識上。慢慢地，韻文的學習成績越來越好，等到期末考試的時候，她竟以「黑馬」的身分成功取得了「年級第一名」的好成績。

卡片記憶法是指思維主體將所需記憶的內容抄寫在卡片上（可根據個人喜好選用便於攜帶的卡片），這樣就可以輕鬆做到隨時複習。這些抄寫著記憶資料的卡片，就像是儲存記憶的倉

庫一樣，對增強記憶力，特別是英文詞彙的記憶有著非常顯著的效果。

古往今來，很多知識淵博的人都有使用卡片進行記憶的習慣。比如：魯迅在寫《中國小說史略》時曾先後摘抄了五千多張卡片；法國著名科幻小說作家凡爾納（Jules Verne）一生中曾摘錄了近兩萬五千張卡片。由此可見，藉助卡片進行記憶確實是一種由來已久且行之有效的記憶方法。

在使用卡片記憶法記憶英文單字的時候，只要在準備好的卡片正面上用彩筆寫下單字，然後再用另一種顏色的彩色筆在卡片背面寫上該單字的詞義。這樣在記憶的過程中既顯得醒目又便於區分。記憶的時候，思維主體首先讀寫在正面的單字，然後再看背面的詞義。

在記憶的過程中還要將已經記牢的單字挑出來，放到收納盒內，然後再對記錯的和尚未記熟的卡片進行記憶。在這個過程中，因為放在外面的卡片會不斷變少，這就大大增加了思維主體的記憶興趣和信心。

進行一次記憶的卡片數量一般以 40 ～ 50 張為宜，這樣就不會讓思維主體產生畏難的情緒。用卡片記憶是一個逐步累積的過程，所以在記憶單字的同時還可以進一步將與單字詞義相關或相近、相反的詞彙抄寫在卡片上進行記憶，這樣也可以取得增強記憶的效果。

如果是幾名同學在一起使用卡片記憶法學習單字，就可以

用比賽得分的形式來展開記憶。比如：幾名同學圍坐在放有卡片的桌子旁，每名同學在卡片中抽取一張進行記憶，然後相互之間進行提問，答對者得一分，答錯者扣一分。如此一來，就可以藉助競爭意識增強大家的記憶效果。

　　卡片不僅可以用來記憶單字，還可以記憶歷史年代、人物生平、理化公式、定理準則、發言內容、名言金句等資訊。在使用卡片記憶篇幅稍長的資料時，就可以將卡片製作得稍微大一些，還可以根據卡片上記載的內容將其分類保管。最重要的是，思維主體所需記憶的所有資料，均應由本人自行抄寫，這樣才能最大限度地將記憶資料消化掉，抄寫的過程也會使思維主體的記憶水準得到穩定提升。

　　如果思維主體手中的卡片累積了很多，而且卡片的種類非常繁雜，那就可以先將不同種類的卡片放在不同的收納盒內，然後根據不同卡片盒內的內容製作不同的索引卡，將索引卡放在卡片盒上，以便於查閱、整理。在抄錄記憶資料的過程中，盡量不要「連載」型抄錄，這樣很容易將卡片資訊混淆，不便於查閱、記憶和整理。所抄錄的內容既要清晰簡明又要準確無誤，所以一定要在認真求證之後進行抄錄。

　　抄寫卡片的方法也是很有講究的，較為常見的抄寫方法有四種，這四種方法分別是：抄錄法、摘要法、索引法和隨感法。

　　抄錄法是指思維主體抄錄書籍報刊上面的名言金句、圖表資料、重大事件、科學研究成果等，也可以抄錄一些有必要記

憶的重要文章、段落、章節等資訊。

摘要法是指思維主體在閱讀研究材料的過程中，將材料中的重點內容或思想精華簡明扼要地摘抄下來。

索引法是指思維主體在閱讀某些資訊的過程中發現了一些新的或者感興趣的資訊，如果閱讀時間並不充分，就可以先將這些書刊的名稱、論文的題目或者資料的作者、出處等資訊記錄在卡片上，以便於日後查閱。

隨感法是指思維主體在閱讀材料或者記憶的過程中，將讀書時的感想、體會、疑問等資訊記錄下來，以便於進一步研究或及時解決問題，同時也加深了記憶。

第六節　體操訓練法

　　嘹亮的軍號響徹整個軍營，戰士們隨著軍號聲迅速起床，踏著矇矇亮的天色在樓下空地上集結。號聲方歇，集結的隊伍便在班長的帶領下跑了起來，開始進行每天早晨的必修課──晨跑。軍營裡的生活是單調的，這裡只講求紀律和服從，軍營裡的生活又是多彩的，這裡有豐富多樣的訓練。只要用心，總能改掉身上的壞毛病，鍛鍊一副好身體，學上一身好本事。

　　小東就是抱著這樣的目的來到軍營的，他是義務役，也不打算繼續簽下去，只想著早早結束軍事訓練，就行李收收回家，但計劃總是趕不上變化。小東的長輩自從到部隊看過他之後，就一直覺得他在軍隊內的情況會比在社會上好一點，所以一家人全都認為小東應該繼續留在部隊深造，最好是能夠在部隊內混上個一官半職。

　　小東從小就是個沒主見的人，既然父母這樣交代，那他就原樣照做。小東開始研究升官的方式，於是他決定去報考軍校。

　　但考試讓一向不擅長讀書的小東感到有些焦慮，於是他開始努力讀書，並將幾乎全部的閒暇時間都用到了讀書上，只是這種拚命學習的效果似乎並不好。小東不是很聰明，他的記憶力也不太好，若非如此，他怎麼會棄學從軍？

　　他開始四處尋找有關記憶力的書籍，希望能夠從中找到解決問題的辦法。皇天不負有心人，小東有幸在一本介紹腦功能的書籍中找到了最適合他的提升記憶力的方法。

　　從這本書中，小東知道了左腦和右腦的功能，而人在進行閱讀、背誦、記憶的時候總會優先使用左腦，而將右腦閒置。如此一來，人的左腦所承受的壓力和負擔往往就會超標，導致左腦頻繁出現疲勞反應。這樣一來，記憶效果自然也就大打折扣。

　　針對這個問題，書中還附帶介紹了一個提升右腦使用率，協調左右腦功能的方法 —— 單側體操法。小東十分喜歡這個方法，他每天都按照書中所講的方法進行鍛鍊，過了一段時間之後，果然發現自己的大腦好像更靈活了，每天背誦、記憶的資料內容也很少出現遺忘的情況，就連平時摸不著頭緒的一些問題，現在看起來似乎都變得容易了一些。

　　既然成效顯著，小東也就勤練不輟，半年之後，小東憑藉著日益聰慧的頭腦和勤奮刻苦的精神，終於如願考進了軍校。

　　單側體操法是專門協調左右腦功能，開發右腦的體操訓練法。單側體操法的訓練分為五個階段，第 1 個階段要思維主體在站立的狀態下保持精神集中，然後左手握緊拳頭，左腕發力，慢慢將手臂彎曲，並向上舉伸。做完這些之後，思維主體再將手臂回歸原位，保持最初握拳的姿勢。如此反覆，做足 8 個節拍即可。

　　在做第 2 階段的練習時，思維主體要先做出仰臥的姿勢，然後將左腿伸直，慢慢向上提起，左腿抬高之後，再將整條左腿向左側慢慢傾倒，直到即將靠近床面為止。最後按照相反的順序將倒向左側的左腿回復原位，如此重複進行 8 個節拍，即可完成此次訓練。

　　在進行第 3 個階段的訓練時，思維主體要以站立的姿勢進行，待身體站直之後，緩慢地將左臂向左側舉起，舉到與肩齊平的位置停止，然後再將左臂向左上方舉起。在這一過程中要保持頭部不動，手臂舉到高點之後，就可以按照相反的順序回復原位，如此反覆進行 8 個節拍即可完成本次訓練。

　　第 4 階段的訓練要求思維主體先以直立的姿勢站立，然後將身體緩緩地向左側傾斜，直至身體倒地。此時，思維主體的整個身體全由左手手肘和右腳腳尖支撐，左腿伸直緊貼地面，整個身體呈一個傾斜的直線狀。保持這個姿勢，之後再緩緩地將左腿彎曲，支撐身體恢復原來的姿勢，如此重複進行 8 個節拍，即可完成該階段的訓練。

　　第 5 個階段的訓練則是以俯臥的姿勢開始，思維主體俯臥在地，以手腕和腳尖作為支撐身體的支點，姿勢穩定之後，首先將左腿向高處抬起，然後手臂發力連續俯臥兩次，然後將左腿回歸原位。做完這一個動作之後，稍作休息，即可重複上面的動作，但每次重複時俯臥的次數可視情況增加，直至每次俯臥的次數達到 8 次為止。

在使用單側體操法進行訓練的過程中，思維主體還可以利用閒暇時間有意識地使用左邊肢體進行活動，這樣就可以在潛移默化之中產生鍛鍊右腦的作用了，再加上有意識的單側體操訓練，思維主體的記憶力一定可以獲得非常顯著的提升。

按摩操也是體操法中較為重要的一種，這種方法是按照中醫學穴位按摩的原理設計的。這種方法的主要優點是花費時間少、簡單易上手，所以也是一種非常實用的方法。練習按摩操之前，首先要找到「天柱穴」和「風池穴」這兩處穴位。找準穴位之後，將雙手交叉置於腦後，用雙手大拇指的指腹按壓兩處穴位，每處穴位按壓 5 秒鐘後即可突然加壓，然後將拇指鬆開，如此作為一個按壓循環。反覆按壓 5 至 10 次之後，即可完成本次練習。

按摩法的效果非常顯著，一般按壓結束後思維主體就會有非常舒適的感覺產生。每次按摩所產生的效果都會讓思維主體的頭腦變得十分清醒，雙目清明有神，所以此時正是記憶的最佳時間。在進行按摩法的過程中，還可以對頭頂的「百會穴」進行按摩，這樣所產生的效果會更為明顯。

手指操是健腦體操法中最為常見、也最常用的一種。科學研究顯示，手指的運動中樞在大腦皮質中所占據的區域是最廣泛的，所以手指的活動自然可以輕而易舉地刺激腦髓中的手指運動中樞，這樣一來也就可以促進大腦智慧的發育和提升。手指操的方法有很多種，但凡人們所進行的活動基本都是以雙手

十指為主的，都可以稱為手指操。比如：彈琴、吹笛、彈吉他、手指舞等。

本書也為讀者朋友們精選了一種手指操法，這種手指操要求思維主體將手掌伸出、繃直，大拇指向上豎起，其餘 4 指併攏在一起。首先讓食指脫離其他 3 指，垂直向上運動到高點之後，再垂直向下運動，直到重新觸碰到中指為止，如此反覆 5 次，完成第一個動作。

恢復拇指向上、4 指併攏的姿勢之後，使小指做垂直向下運動，達到低點之後，再垂直向上運動與無名指相碰觸，如此反覆 5 次即為第 2 個動作。恢復拇指向上、4 指併攏的姿勢之後，按照上面的運動方法使食指和小指同時向上和向下做垂直運動，分別觸碰中指和無名指 5 次，中指、無名指保持不動，此為第 3 個動作。

恢復 4 指併攏、拇指向上伸起的姿勢後，先將中指和無名指分開，小指和無名指併在一起作為一個整體，中指和食指併在一起作為一個整體，然後讓無名指和中指做垂直開合動作，中指和無名指觸碰 5 次為一個節拍，即可完成最後一個動作。在進行這 4 個動作的過程中，一定要注意保持 5 指和手掌的平直，手指在運動的過程中也不可歪斜、彎曲。練習的時候可以按照先右手再左手的順序進行，等到動作熟悉之後再開始雙手同時運動。

第七節　名人的記憶方法

　　張弼君一個人坐在書桌前發呆，他覺得自己是一定沒辦法完成老師交代的課外作業了，一想到不能完成作業的人要被罰打掃廁所一星期，張弼君就覺得自己的整個胃都開始翻騰。發呆終究不是解決問題的辦法，張弼君不得不重新思考逃離懲罰的辦法。

　　張弼君的國文老師非常注重學生的課外閱讀情況，他總是在將要放假的前夕提供學生們一份選讀目錄，目錄上羅列了他精心挑選的散文、詩歌名篇等。學生們從目錄中挑選自己喜歡的作品，利用假期時間將自己選擇的作品理解背誦，等到假期結束之後，在課堂上進行背誦和發表閱讀感想。

　　顯而易見，國文老師的這種做法是很有成效的，只經過了一個寒暑假，整個班級裡學生的國文成績都獲得了非常顯著的提升，張弼君也是如此。照道理來說，張弼君已經有過兩次背誦的經歷，是不應該為「背誦」這件事感到煩惱的，只不過今年張弼君大意了，愛出風頭的他冒冒失失的、隨機挑選了一篇超長篇的文章。等到他找到這篇文章準備背誦時，距離開學只剩不到十天的時間了，而此時他想要反悔，也早已來不及了。

　　現如今，張弼君真的是「啞巴吃黃連有苦說不出」。唉聲嘆氣、自怨自艾一番之後，張弼君搖搖頭，將腦海裡亂七八糟的東

西暫時壓制下來，然後拿起書桌上的一本名人傳記津津有味地讀了起來。事實上張弼君也是很喜歡讀書的，現在既然實在想不出解決問題的好辦法，那就暫且將這些煩心事丟在一邊吧！

讀了一下子書之後，張弼君驚訝得張大了嘴巴，彷彿是看到了一些不可思議的事情，他匆匆將手裡的傳記放上書籤，便急急忙忙拿起那篇需要背誦的長文，按照剛才在傳記中看到的方法，實驗性地背誦了一段。這一背之下，效果竟然出奇的好，張弼君只用了很短的時間就將這篇長文背了下來。初見成效之後，張弼君就像發現了新大陸一樣，急不可耐地撿起了那本傳記細細地品讀起來。

十天後，張弼君在國文課上大出風頭。一篇五千多字的長文被他一字不落地背了下來，更出彩的是，張弼君不僅闡述了這篇文章的含義，還發表了觀點獨到、具有「個性」的見解。張弼君的表現讓國文老師非常欣慰，他在課堂上熱情洋溢地讚揚了張弼君同學，並要求其他同學向張弼君學習。

張弼君在享受「風光」的同時，也暗自感到僥倖，如果不是在那本傳記中發現的讀書方法，他是無論如何也做不到在短短的十天之內將一篇長達五千字的文章背誦下來的。此後，張弼君開始熱衷於閱讀各類名人傳記，他希望從這些名人身上學習提升閱讀、記憶能力的方法。

傳記中將提升記憶力的方法總結為：「多讀、多寫、多想、多問」這八字，後人簡稱為「四多」記憶法。「多讀」除了要求

思維主體多看書、多閱讀之外，還要求對重點書籍進行重複性閱讀。

「多寫」指的是在讀書的過程中多做讀書筆記，隨時隨地對書中內容進行註解。在那本傳記作者閱讀生涯中，他幾乎是無筆不讀的，在他看來，一邊讀一邊寫是增強記憶力的重要方法。

「多想」是要求思維主體在閱讀的過程中弄清楚書中所闡述的觀點、道理是什麼，對該觀點、道理進行判斷、對比，深刻記憶正確觀點，明確區分錯誤觀點。他認為，人在閱讀的時候總會遇到一些疑問，並隨之產生認同、反對、懷疑、不解等感受，在閱讀的時候將這些感受以文字的形式記錄下來，或與作者進行討論或彙整歷代學者的見解進行比較，最終得出屬於自己的觀點。這樣一來，所讀的書自然也就深刻地記在腦中了。

「多問」，顧名思義，是指思維主體在閱讀的過程中一定要對不理解或者產生疑問的地方進行提問，向先行者、長者、智者、學者請教。作者在求學期間就特別喜歡求「問」，他時常向學校師長請教問題，所以他認為只有好學、好問的人，才能真正將知識弄懂、記牢。

一位作家對記憶也有著獨到的見解，他認為在記憶過程中最為重要的就是一個「勤」字，勤看和勤寫就是他先生主張使用的記憶方法。這位作家精通英、法、德、義等多國外語，能取得這樣高的成就固然與他家是書香世家有關，但最關鍵的還是被他所貫徹的「勤看、勤寫法」。

這位作家酷愛閱讀線裝書刊，他總是整日待在文學研究所的線裝書庫中進行閱讀。久而久之，很多書籍的借閱卡上都留下了他的名字，他看書庫內的書刊時就如掌上觀紋一樣清楚明白。他生在閱讀的時候喜歡抄錄精彩文段或做筆記，他還經常臨時客串書庫管理人員，向前來借閱書刊的學子們介紹各類古籍擺放的位置。

有一位成功的研究學者同樣有屬於自己的記憶方法。他認為提升記憶力的最好辦法就是對自己進行日積月累的記憶鍛鍊，只要堅持實行「日積月累」，記憶力的提升也就自然水到渠成了。除了堅持背誦詩詞之外，他還經常背誦抽象的數字來鍛鍊記憶力，憑藉日積月累的堅持，他硬是將圓周率小數點後面的 100 位數全部背了下來。

這位學者在小的時候，每天都會堅持在清晨背誦古詩，這種每日必誦的習慣不但讓他的知識含量大大增加，還極大地提升了他的記憶能力。有一次，他的爺爺抄了一篇〈京都賦〉，他只看了一遍，就將這篇文章一字不差地背了下來，可見「日積月累法」的效果是非常顯著的。

另外還有一種「腹稿記憶法」。發明這個記憶法的人早年曾因為遭人誣陷而入獄。在獄中他沒有向惡勢力低頭，堅持自己的想法，憑藉著「腹稿記憶」的方式，將大量資料牢牢儲存在腦海中，最終在沒有筆紙的艱苦條件下，在獄中仍然寫出了一本論述專書。

　　用腹稿的方式來寫下一本書談何容易，更何況是一本厚厚的論述專書！他為了能夠將這本書的內容記住，他先後在腦海中做了七、八十遍腹稿，而且每過一個月，他都會重新將書中內容默記一遍。就這樣，憑藉著「腹稿記憶法」，他的記憶力大大增強，他一出獄，就將腦海中的「腹稿」撰寫成書。

第三章

多角度記憶法

第一節　抽象資料轉換法

　　王家出了一位神童的消息早已經不是祕密。自從王家小子 —— 王之恆在課堂上一字一句地將《三字經》全文背誦下來之後，這個所謂的「祕密」就成了鄰里之間在茶餘飯後的話題了。現如今，「祕密」已經不足以引起大家的興趣，他們真正關心的重點也發生了轉變。人們開始「研究」王家的這名神童到底是怎樣培養出來的？培養神童又需要耗費多少心血？自己家是否也可以用這樣的方法來培養出一個神童？

　　年幼的王之恆在當地一舉成名，各大媒體紛紛來訪，希望能夠探知「神童」背後的奧祕。原來，王之恆之所以能夠將《三字經》牢牢記住，完全是因為他和爺爺在一起玩的一個遊戲。爺爺偶爾會在王之恆背誦《三字經》的時候，將這些濃縮、抽象的詞句轉換成一些有趣的形象、故事講給他聽，飽含童心的王之恆對這些被轉換的內容、故事非常感興趣，他很快就主動地參與到了爺爺的「遊戲」當中。這樣一來，《三字經》的內容自然在他的腦海裡留下了非常深刻的印象。

　　既然不是天生就擁有的「超能力」，人們對王之恆的興趣也大減，他也成功擺脫了「神童」的光環，王之恆的生活又一次回歸平靜。隨後幾年，王之恆表現平平，他再也並沒有顯現出超出常人的能力，神童一事也就銷聲匿跡了。鄉鄰之間也不再流傳

「王家藏私」這種謠言，但王之恆自己卻對一件事情感到詫異。

　　原來，隨著年歲的成長，王之恆接觸到的新知識也慢慢變多，他發現教科書上有很多抽象的詞語、句子都是可以進行轉換的。在接觸到一些遠古壁畫、上古時期的文字和商周的銘文之後，王之恆覺得這些資料都可以理解為是對抽象資訊和難以理解的資料進行轉換後所得到的形象。王之恆還發現在記憶這些被轉換過的資料時，所花費的時間和精力都遠遠小於記憶抽象資料時的死記硬背，這讓他對這種「神奇」的現象非常感興趣。

　　王之恆決定蒐集關於抽象資料轉換這方面的書籍來對自己的「猜想」進行求證，一番求證之後，還真讓他找到了一種經過科學驗證的記憶方法 —— 抽象資料轉化法。這種方法可以將抽象的資料轉化成能夠被思維主體所快速記憶的資訊，使記憶模式從左腦的「死記硬背式」轉成右腦的「創造模式」。例如，吹牛這個詞語就可以在腦海中轉換成一個人對著牛拚命吹氣，試圖將一頭牛吹上天的形象，記憶的速度自然也就非常快，而且記憶的結果也很牢固。

　　憑藉著抽象資料轉換法，王之恆馬上就從死記硬背的學習模式中脫離了出來，他的記憶能力自然也越來越出眾，很多艱深晦澀的詞句、公式都被他輕鬆背起來，這樣也就有了更多的精力來學習新的內容。憑藉著超出常人的記憶能力，王之恆的學習成績一下子就衝了上去，再次成了他人眼中的「資優生」。

　　研究證明：思維主體只需經過 20 堂課的專業化抽象資料轉

換訓練，即可熟練背誦《百家姓》、《三字經》等。抽象資料轉換的方法由來已久，中國文化中早在上古時期就已經將抽象資料轉換法應用到文化、生活等方面，經過幾千年的發展，抽象資料轉換法早已被總結成為系統的方法，只不過大多數人在學習、記憶的過程中都會優先使用左腦來「死記硬背」，而不清楚抽象資料轉換法的具體內容。

抽象資料轉換法的第 1 種具體使用方法是：代表物法。該方法意指，在所需記憶的抽象資料為單一個體或者單一組體的時候，思維主體以一個或一組具有代表性的形象來代替記憶對象進行記憶，等到思維主體需要複述、回憶抽象資料的時候，只需將形象內容還原成抽象資訊即可。

例如思維主題需記住這樣一組詞語：快樂、天堂、刑法、累積、力學、淨化、固體、道德。在記憶第一個詞語「快樂」的時候，我們就可以找一些能夠代表該詞語的形象來代替它，比如，媽媽的笑臉、太陽、四葉幸運草（西方人認為能夠發現一株四葉幸運草，是非常快樂、幸福的事情）等。第二個詞語「天堂」則可以用教堂穹頂上的壁畫、飛在空中的天使、充滿寧靜祥和氣氛的城堡等形象作為替換。第三個詞語「刑法」則可以用刑具、枷鎖、鐐銬、監牢等形象作為代替。

由於不同人的擴散性思考程度是不一樣的，所想到的事物形象也各不相同，所以只要思維主體覺得自己所找到的事物形象是能夠造成代替作用的即可。需要特別強調的是，思維主體在選擇

替代形象的時候，一定不能用抽象事物形象來替代抽象資料（比如用精練來替代昇華），這樣做就不能取得快速記憶的效果。

　　抽象資料轉換法的第 2 種實用方法是：諧音法。該方法既指利用所需記憶資料的同音或者近音的條件，用同音或者近音的字來代替所需記憶的抽象資訊。在使用這種方法的時候，一定要有巧妙的構思和大膽的設想，只有這樣，轉換出來的諧音字才能夠促使思維主體產生強烈的學習興趣，從而達到積極主動記憶、快速優質記憶的目的。

　　假如思維主體需要記憶的抽象詞彙是：估價、鄰里、離子、法規、奮鬥、魅力、理性、克拉。我們首先對第一個詞語「估價」進行諧音轉換，「估價」可以轉換成白蒼蒼的人體或者動物「骨架」，也可轉換成紅漲綠跌、高拋低進的「股價」，還可以轉換成姓顧的人家「顧家」，甚至可以轉換為鈷的價格 ——「鈷價」等諧音詞語來進行記憶。

　　第二個詞語「鄰里」可以轉換成樹木眾多的樣子 ——「林立」，也可以轉換成被水淋溼或者流汗不止的樣子 —— 「淋漓」。

　　第三個詞語「離子」可以轉換成水果的名字 ——「梨子」、「栗子」、「李子」等，也可以轉換成課堂上組詞造句時所舉的「例子」，還可以轉換成軍人訓練時站立的姿勢 ——「立姿」。研究顯示，所有的記憶資料都可以用諧音記憶法來進行轉換，但在複習或者回憶的時候一定要按照轉換諧音的思路來對記憶對象進行還原。

第二節　環扣記憶法

　　小周在畢業之後如願加入了一家心儀的教育研究機構，他希望能夠在這裡找到提升學習效率的捷徑。小周並不是一個非常聰明的人，他現在所取得的成績全部來自於堅持不懈、夜以繼日的努力。現實生活中，人們往往只會關注一個人所取得的成果如何，而從不會去關注這個人為了成功到底付出了多少努力和艱辛。

　　小周很清楚地知道求學之路上的艱辛與困苦。對於每一名學生都必須面對的升學考試，學生們最不應該出現的一個狀況就是只偏重特定科目，不論是哪一門學科特別差，都會使學生的考試成績大幅度下滑，甚至會釀成「金榜無名」的嚴重後果。小周認為，想要解決這個問題，就必須找到能夠快速提升學習效率的捷徑。

　　經過幾年的努力，小周結合前人的研究成果，終於找到了一種可以快速提升學習效率、記憶力的辦法 —— 環扣記憶法。顧名思義，環扣記憶法是借用鏈條環環相扣的原理，將那些原本毫無串聯的記憶資料一環一環地相銜接。在記憶大量資訊的時候，這些環環相扣的「記憶鏈條」就以生動形象的畫面「烙印」到大腦中，從而使思維主體的記憶能力大幅提升。

　　找到了提升學習效率的方法之後，小周便迫不及待地將這

種方法應用到了教學實驗當中。他從與研究機構合作的學校裡挑選了 30 名公民、歷史成績低於 40 分的學生，讓這些學生每週抽出 2 節課的時間來接受環扣式記憶訓練，以此來驗證環扣記憶法的成效。

在經過一個學期 32 堂課的訓練之後，這 30 名學生的公民、歷史成績全部獲得了大幅度的提升，30 人中成績最差的學生的成績也提升了 40 分。在隨後的調查中，小周還發現這 30 名接受環扣記憶訓練的學生的學習效率比其他未接受環扣記憶訓練的學生的學習效率要高出很多倍。由此可見，環扣記憶法是完全可以達到提升學習效率的目的的。

環扣記憶法的斐然成效讓小周感到十分滿意，他還憑藉著環扣記憶法所取得的成果，順利成為該教育機構的專案負責人。隨即，環扣記法就成了該教育機構的主打項目，該機構也憑藉環扣記憶法博得了廣大師生的好評，一度成為最炙手可熱的教育研究機構。

研究顯示：環扣記憶法所針對的就是學習過程中所需記憶的大量的、成套的、一連串的知識要點。通常情況下，學生們很難在一定的時間內將大量的知識完整地記住、記牢，即便有的學生做到了，那他所付出的時間和精力也超乎常人的想像。在這種情況下，學生們恰恰就需要藉助環扣記憶法來提升記憶、學習效率，以達到完整、牢固記憶的目的。

想要掌握環扣記憶法，首先要掌握以下三個步驟：

　　第 1 個步驟：熟練切換左右腦。在思維主體尚未掌握記憶方法或左右腦分工理論的情況下，其記憶過程常常透過左腦機械「強記」來完成。這種記憶方式不僅會使思維主體浪費很大的精力，還會使其右腦處於閒置狀態，這對腦力來講同樣是一種極大的浪費。

　　環扣記憶法的目的就是將右腦「啟用」，將右腦的創新、創造能力充分地發揮到極致，將所需記憶的資料由左腦攝取的文字轉換成生動、鮮明、相互銜接的形象，使資訊與資訊之間形成連結，從而衍生出無窮多的感性形象，以此來幫助記憶。

　　例：請在 10 分鐘內按順序記住以下一組詞語。1. 紙巾 2. 桌子 3. 玩具飛機 4. 孫悟空 5. 收音機 6. 電視機 7. 蘋果 8. 高山 9. 大臉貓 10. 彌勒佛 11. 少林寺 12. 張擇端 13. 曼谷 14. 爺爺 15. 香山 16. 薩摩耶 17. 野鴨 18. 咕咕鐘 19. 富士山 20. 賓士 21. 皇帝 22. 江湖 23. 書畫 .24 花草 25. 星空 26. 梯子 27. 高樓 28. 黑夜 29. 江山 30. 生命。

　　在記憶這 30 個詞語的時候，我們就要啟用右腦的功能，對第 1 個詞語「紙巾」展開想像，在腦海裡將紙巾「變成」紅色的、藍色的、紫色的，甚至是黑色的，還可以想像這張紙巾是柔軟的還是粗糙的，有沒有香味等。

　　第 2 個詞語「桌子」則可以構思成：這是一張由黃金或玉石製成的書桌。第 3 個詞語「玩具飛機」則可以構思成：高高飛在天空中的玩具飛機。第 4 個詞語「孫悟空」則可以構思成：將天

宮鬧了個天翻地覆的孫悟空。第 5 個詞語「收音機」則可以構思成：正在播放勁爆音樂的收音機等等。

腦功能切換完畢後，即可開始第 2 個步驟 —— 環扣連結知識點。在這個步驟裡，唯一的要求就是盡量將連結前後資料的聯結部分誇大，最好能夠誇大到不符合左腦的邏輯思路，不符合常識，甚至是不合理的，這樣就可以讓記憶資料在右腦中清晰、牢固地儲存下來了。如果在進行串聯的過程中，思維主體依然試圖遵循邏輯和常理，那就會讓記憶模式重歸左腦掌控，這樣是不可能學會環扣式記憶法的。

下面我們將第一個步驟裡已經經過右腦加工的詞語串聯起來。紙巾 —— 桌子：用黑色的紙巾將桌子吊在了房梁上。桌子 —— 玩具飛機：桌子掉了下來，將飛在高空中的玩具飛機砸了個洞。玩具飛機 —— 孫悟空：玩具飛機的洞裡面關著大鬧天宮的孫悟空。孫悟空 —— 收音機：孫悟空正在用收音機聽歌。

串聯完成之後，為了能夠記得更加牢固、準確，思維主體就必須進行第三個步驟 —— 回想。這個步驟要求思維主體將第二個步驟裡已經串聯好的資料按順序再次在大腦裡回想一遍，在這個過程中一定不要將已經串聯的資料與其他資料的連結打斷，這樣就會使記憶順序、思維產生混亂，從而浪費大量的時間來修正。

等到所有的關聯都被大腦完整地記錄下來之後，就可以隨時轉換、還原成原有的資訊了。如果需要進行串聯的資料屬於

抽象資料，那麼在進行第 1 個步驟的過程中就需要借用前文中的「諧音法」來進行抽象資料的左右腦切換，切換完成之後再按部就班地進行第二步 ── 環扣知識點串聯，最後進行第三步回憶、確認，即可達到記憶的目的。

第三節　食物增強法

　　科學研究顯示，合理的飲食習慣是確保人體健康、大腦機能正常運轉的必要條件。有些食物不僅可以為人體提供能量，還能夠在一定程度上增進人的智力，使人的思維變得更敏捷。僅憑藉單一的素食，很難對大腦的發育造成促進和幫助作用，所以才會導致文中的情況出現。

　　現今社會，物產越來越豐富，其中就有很多活化腦部的食品，而且它們都算得上物美價廉，非常普遍。所以現在普通家庭都能夠透過食物補腦、健腦。營養保健專家研究發現，生活中有 9 種常見的食品可以對大腦、智力的發育造成幫助、促進的作用，也就是說食用這些食物可以有效地提升我們的記憶力。

　　1. 雞蛋。科學研究發現，人類記憶力的高低與大腦中所蘊含的乙醯膽鹼的含量有著密切的關係。我們在食用雞蛋之後，蛋黃中所蘊含的卵磷脂會被人體酶分解，由此化合出大量乙醯膽鹼。

　　這些乙醯膽鹼隨著血液進入大腦中，可直接被大腦吸收，為大腦提供充足的能量。大腦的功能獲得提升之後，記憶能力也就會有非常顯著的增強。科學研究顯示，人類每天應食用 1 ～ 2 個雞蛋，這樣就可以向大腦提供足夠的乙醯膽鹼，使大腦有足夠的「動力」。

2. 魚類。淡水魚富含不飽和脂肪酸，這種脂肪酸不僅不會導致腦血管出現硬化現象，還可以造成軟化血管、保護腦功能的作用。此外，魚類還含有豐富的優質蛋白和易吸收的鈣，這些物質也可以向腦細胞提供能量，造成促進腦活動的作用。

魚類中補腦的良品是沙丁魚，這種魚富含 EPA 和大量的維生素 A、DHA 以及鈣，其中維生素 A、DHA 和鈣可以造成增強記憶力和緩解焦慮情緒的作用。

3. 大麥、馬鈴薯泥。大麥、馬鈴薯泥對記憶力的提升作用是加拿大科學家普倫發現的，他認為馬鈴薯中富含豐富的葡萄糖，當馬鈴薯以馬鈴薯泥的形式進入人體之後，馬鈴薯所蘊含的葡萄糖只需要 15 分鐘就可以被吸收並運送到腦部，成為支持大腦運轉的能量。

而大麥可以增加人體血液中所蘊含的葡萄糖含量，雖然這種能量吸收較慢，但對大腦同樣有著不可忽視的作用。葡萄糖可以增加人體乙酸膽鹼含量，乙酸膽鹼可以遏制人的記憶力退化的現象，造成快速提升記憶能力的作用。

4. 味精。味精的主要成分是麩胺酸鈉，麩胺酸鈉溶於胃酸之後，可以分解為麩胺酸。麩胺酸是人腦新陳代謝中唯一的氨基酸，這種氨基酸不僅可以促進腦功能的發育，還可以對大腦造成維持和保護的作用。

5. 小米和玉米。小米富含維生素 B1、B2、色氨酸和蛋氨酸。這些微量元素可以有效地造成延緩大腦衰老的作用，所以

常吃小米飯對大腦有很好的保護作用。玉米中飽含亞油酸、不飽和脂肪酸和含水量麩胺酸，這些微量元素可以有效地促進腦細胞的新陳代謝，使腦功能處在最佳狀態，所以經常食用玉米可以產生提神健腦，增強腦功能的作用。

6. 花生。花生富含卵磷脂和腦磷脂，這兩種微量元素是神經系統所必需的物質，而且它們也可以造成抑制腦功能衰退，防止形成腦血栓，促進大腦血液循環的作用，所以常吃花生可以造成增強記憶力、延緩大腦衰老的作用。

7. 辣椒。辣椒富含維生素 C 和辣椒素，這種辣椒中特殊的「鹼」不僅能夠使人食慾大增，還可以產生促進大腦血液循環，促使腎上腺荷爾蒙分泌，腦功能活躍的作用。所以常吃辣椒可以使人的精力變得充沛，精神變得集中，是可以有效提升記憶力的最佳蔬菜。

8. 橘子。橘子富含維生素 A、B1 和 C 等微量元素，這些微量元素可以使人體精力充沛，再加上橘子屬於鹼性食品，這種「鹼」可以消除酸性食物對人腦神經系統所造成的損害，所以經常食用橘子可以保護神經系統，產生提升記憶力的作用。

9. 牛奶。牛奶富含大量蛋白質、維生素 B1、鈣以及氨基酸。牛奶中的鈣可以直接被人體吸收，是腦代謝過程中不可或缺的營養物質。維生素 B1 對腦細胞十分有益，可以造成補腦、健腦的作用。在用腦過度的情況下，喝一杯牛奶可以最大限度地使大腦獲得保養和補充。

第四節　數字記憶法

　　錢德準備去市中心的一家大型購物商場內應徵，這家商場需要應徵一名業務主管，他看上這個職位已經很久了，早就想去試試。照理說，像這種大型購物商場的業務主管職位，是很多人爭著搶著都要得到的好工作，可是這次招募顯然不同尋常，招募資訊公布出來已經有兩個月的時間了，這家大型商場依然沒有找到理想的人選。這說明應徵的難度一定很高，為此錢德內心裡還真是有點忐忑。

　　錢德學歷普通、經歷普通，他除了有著高挑的身材之外，幾乎沒有任何可以拿出手的資歷，但他還是想去試試，萬一運氣好呢？一番面試下來，錢德就徹底對這份工作不抱任何希望了。他從沒見過這麼「變態」的公司！竟然要求面試者在七天之內將由商場提供的兩萬種商品的價格標籤一字不差地背下來！誰能做到？錢德不認為有人可以做到，至少他做不到。

　　怪不得找不到人呢？！錢德恨恨地想，可是想來想去，他又想背一背試試看，萬一自己就是那個「萬中無一」的人才呢？頭一天，錢德咬牙切齒地背了兩千種商品的價格，這讓她很滿意，可是等到第二天一大早，他就又一次傻眼了，一個懶覺的工夫，他竟然將昨天背誦的內容忘了一大半，照這樣的速度來看，七天的時間，她最多也就只能背誦七千種！這樣的成績無

論如何也是不會被賣場錄取的，錢德又一次皺起了眉頭。

　　既然自己解決不了這個問題，錢德就決定求人幫忙。錢德求人求得很急，朋友自然也就很盡心地幫他出謀劃策。一天後，經過一位好友的介紹，錢德來到了一家教育培訓機構門前，雖然這家機構的門面看起來很不「霸氣」，但他還是決定試一試。據錢德的朋友稱，這家教育機構專門致力於數字記憶方面的研究，錢德要記憶的內容剛好是一大堆商品的價格，所以在這裡應該可以找到解決問題的辦法。

　　這家教育機構的工作人員在認真傾聽了錢德的要求後，馬上就未他安排了針對數字記憶的訓練。在接下來的五天裡，錢德經過有計畫、有方法的數字記憶訓練後，終於成功地將兩萬種商品的價格標籤全部完整、準確地記了下來，最終如願得到了他夢寐以求的工作。

　　入職之後，錢德才清楚地知道了商城要求他背誦商品標籤的初衷。剛上班不久，錢德就可以在極短的時間內將客戶退貨、變更貨物、同類貨物對比推薦、整理貨物等事情完美地處理好，這種既準確又快速的辦事效率，完全歸功於被他所熟記的商品價格資訊，而他之所以能夠將2萬多種商品的價格熟記，主要就是「數字記憶法」的功勞。

　　在現今社會的學習生活中，不論是求學還是工作，都離不開數字資料，高效處理大量的數字資料已經成為獲得成功的必要條件。這些數字資料不但與人的生活息息相關，而且已經成

為人類社會發展中必不可少的一部分。在記憶由純數字組成的資料時，幾乎人人都會覺得困難。

究其原因，主要是因為資料只會以 0 ～ 9 這 10 個基本的阿拉伯數字組成，由於這 10 個數字的搭配變化無窮無盡，數字在資料中也非常容易出現重複，所以導致整組資料缺乏邏輯性和規律性，再加上重複所致的相似性，最終導致記憶資料的結果變得混亂不清。

科學家為了解決這個難題，提出了數字圖像記憶法和數字諧音記憶法等方法來幫助記憶數字。數字圖像記憶法是指思維主體在記憶資料的過程中，根據數字的外形將數字轉化成與之相近的影像，以影像代替數字，以此來達到快速記憶的效果。數字諧音記憶法是指思維主體在記憶的過程中借用數字讀音的諧音或者約定俗成的讀音來將數字轉化成漢字的方法。這種方法在記憶歷史性資料的時候效果最為顯著。

數字圖像記憶法其實和摩斯電碼的原理很相似，只不過摩斯電碼是將電報機發來的長短電訊號編譯成了漢字，而數字圖像記憶法是將數字編譯成具體的影像，用這些影像來幫助記憶。在使用數字圖像記憶法之前，我們首先要掌握 0 ～ 100 這組數字的圖像轉換表，只有將這個圖像轉換表牢牢地記在心裡之後，才能隨時隨地借用數字圖像記憶法對資料進行編譯、記憶。

數字圖像轉換表內共有 110 個數字，根據這些數字的外形、

諧音、節日含義以及字面意思等資訊轉換而來。這些由右腦創造性思維所設定的程式碼可以根據個人的喜好和習慣進行設計，例如：

1 —— 火柴（外形象一根火柴）

2 —— 天鵝（外形象一隻天鵝）

3 —— 彈簧（外形象彈簧的簡筆畫）

4 —— 三角旗（外形象一桿三角旗）

5 —— 手掌（手掌上有 5 根手指，字面意思相同）

6 —— 哨子（外形象一個哨子）

7 —— 鐮刀（外形象一把鐮刀）

8 —— 葫蘆（外形象一個葫蘆）

9 —— 貓（都說貓有 9 條命，字面意思相關）

10 —— 棒球（1 像球桿 0 像球，合起來像棒球）

11 —— 詩意（讀音相似）

12 —— 時鐘（時鐘有 12 個刻度，字面意思相關）

13 —— 石山（讀音相似）

14 —— 鑰匙（讀音相似）

15 —— 中秋（農曆 8 月 15 中秋節，節日含義）

16 —— 石榴（讀音相似）

17 —— 儀器（1 讀儀，7 讀器）

18 —— 地獄（地獄有 18 層，字面意思相似）

19 —— 嗜酒（讀音相似）

20 —— 鵝蛋（2 像鵝，0 像蛋，20 就像鵝蛋）

21 —— 阿姨（讀音相似）……等數字的諧音或形象圖像。

熟練掌握了數字圖像之後，在記憶資訊的過程中，我們就可以馬上找到與之對應的圖像，憑藉這些圖像就可以幫助我們順利地將資料記住。等到我們可以熟練地將數字和圖像相互轉換的時候，還可以根據個人的經歷和喜好將數字的圖像進行替換，以此來增添記憶的樂趣。

數字諧音記憶法相對比較簡單，在使用這種方法的時候，要注意兩個原則：第一，在對數字進行諧音轉換的過程中，一定要盡量讓準備替換的諧音與原數字的讀音相似，相似的程度越高，所能達到的記憶效果就越好。如果進行轉換的數字有約定俗成的讀音，那就應該用約定俗成的讀音來轉換。

例：0 可以讀成另、凌、零、令、菱等；1 可以讀成一、憶、意、衣、儀；2 可以讀成而、爾、二、兒、耳、餌；3 可以讀成三、傘、散、山；4 可以讀成四、死、司、思、私、斯；5 可以讀成五、吳、武、舞、兀、巫、吳；6 可以讀成留、六、劉、柳、路；7 可以讀成起訖、其、妻、棄、氣；8 可以讀成把、吧、八、爸、靶；9 可以讀成就、九、舊、舅。

第二，如果在轉換的過程中，所需記憶的資料是由數字和

文字一起組成的，那就一定要在進行轉換的過程中盡量將這些資料轉換成形象生動、特徵鮮明、活潑動人、打破邏輯，一看就會讓人留下強烈印象的影像。按照這種思考方式得出的結果，才能最大限度地提升思維主體的記憶能力。

　　例：馬克思出生於西元 1818 年 5 月 5 日，即可轉換成馬克思出生後不久就會用手一巴（18）掌一巴（18）掌地打得其他小孩子嗚嗚（55）哭個不停。

第五節　習慣記憶法

　　小林從小就特別欽佩那些為了抱負而到偏遠地區服務的人們，正因為這些人，在偏鄉的人們才有機會得到醫療或教育資源。小林覺得想要改變偏鄉的現狀，就應該從提升偏鄉地區的教育水準上著手。為了可以親自參與、完成「改變偏鄉落後局面」這一偉大的願望，小林決定成為一位品格高尚的偏鄉教師，為自己的理想、事業奮鬥！

　　大學畢業後，小林一臉堅毅地踏上了開往偏鄉的火車。經過舟車勞頓，小林終於趕到了目的地。雖然那個地方已有基本的基礎建設，但由於氣候不佳，所以許多下鄉教學的教師仍不願意到該地區任教。

　　接到任務後，小林就毫不猶豫地趕到了該地的鄉公所，鄉長熱情地接待了他，並帶他參觀了當地的小學。這所小學裡一共有 30 多名學生，他們不分年紀、班級，所有人全都擠在一間教室內期盼著「新老師」的到來。這所學校裡只有小林這麼一名教師，所以他需要承擔這 30 多名學生的教導任務，並接手所有年級的全部課程。

　　僅僅過了一個月的時間，小林就覺得自己有點「吃不消」了。更關鍵的是，在前兩天他安排的一次考試中，孩子們交上來的答案卷讓他感到沮喪。在這一個月裡，孩子們的學業不僅

沒有變好，反而還有下降的趨勢，這讓他非常焦灼、擔憂。當天晚上，小林就撥通了他導師的電話，在電話裡，小林將自己遇到的狀況詳詳細細地講了一遍，希望導師能夠幫助他找到解決問題的辦法。

導師耐心地聽完了小林的講述，他為小林出了這樣一個解決問題的辦法：他讓小林將 1 ～ 5 年級所有科目的重點知識全部整理出來，分別寫在不同的大字報上，在寫的時候把最重要、最基礎的知識用彩色的筆書寫，次級重要的知識點用黑色的筆書寫。把大字報寫好之後，就將它們掛在教室內最顯眼的地方，讓每一名學生在進入教室的時候，一眼就能看到這些大字報。小林還要親自當「看報」的表率，他必須每天當著學生們的面看這些大字報，務必要使每一名學生都注意到這些紙上到底寫了哪些內容。

小林雖然不太清楚這樣做的目的，但他還是按照導師的要求去做了。一年之後，小林驚喜地發現那 30 幾個學生的成績都有了非常大的提升，這讓他感到既欣喜又疑惑，他一直都不理解這些學生們的成績是如何獲得提升的。為了搞清楚這件事情，小林又一次撥通了導師的電話。

在電話裡，導師講出了學生成績提升的祕密 —— 掛在顯眼處的大字報。原來，學生們每天都能看到這些大字報，並在小林的帶動下養成了抬頭看報的習慣，如此一來，學生們在耳濡目染的情況下就將紙上的重點悄悄地記在了腦海中，這就是借

用習慣的力量來進行記憶。

研究顯示，習慣記憶法，就是將所需記憶的知識融入思維主體的生活環境中，使思維主體養成檢視這些知識的習慣，最終在不自覺的情況下將這些知識「印在」腦海裡，這種記憶法對充滿好奇、獵奇心理的少年兒童來講是最有效的記憶方法。事實上，胎教和幼教都是借用習慣的力量來使孩子們在無意識的情況下將音樂頻率、語言節奏等資訊記錄下來，慢慢形成身體的一種本能記憶，為今後的發展奠定基礎。

習慣記憶法是充斥在人們日常生活中的記憶法，這種記憶法既是特殊的又是平凡的。在日常生活中有非常多良好的小習慣都是可以提升記憶力的，但前提是要養成這些習慣。比如：要養成早睡早起的好習慣。在睡眠中，腦細胞會得到充分休息，並且大腦可以在這個時間段內從身體的其他部位獲取更多養分。所以，充足的睡眠可以保證大腦擁有充沛的精力。對於青年人來講，一般情況下，睡眠時間以 8 個小時為佳，睡眠時間過長或過短都不適宜。

要保持良好的生活習慣，不酗酒吸菸。良好的生活習慣可以讓思維主體擁有健康的體魄和頭腦，這是記憶的基礎。不過度飲酒可以盡量減少酒精對腦細胞的刺激，避免大腦出現損傷，導致記憶力衰退。不吸菸，是為了防止香菸中的尼古丁對人體產生危害，延緩細胞衰老的速度，這是預防疾病的關鍵。

對於上班族來講，養成鍛鍊身體的好習慣是非常有必要

的。這個習慣可以有效地調節、改善腦部中樞神經系統的興奮與抑制過程，還可以使大腦獲取充足、新鮮的氧氣。憑藉著大量的氧氣供給，腦細胞可以獲得充足的能量來進行新陳代謝，使腦功能得以充分的發揮，記憶力自然也就水漲船高。

在日常生活中還要保持一個良好、樂觀、積極的心情或心態，只有這樣才能使身體的各個器官與神經系統相互協調，才能使人體的機能達到最佳狀態。這種情況下，思維主體的身體還會向大腦回饋積極、向上的訊號與活力，使大腦的能力得到增強，最終達到提升記憶力的目的。

習慣性地使用左手同樣可以提升記憶力。左手連線人的右腦，鍛鍊左手就等同於鍛鍊右腦，所以在生活中可以著重培養「使用左手」的習慣。比如：用左手寫字，用左手端茶杯、洗碗以及整理物品。還可以專門購買一對功夫球來對左手進行訓練，等到思維主體可以熟練地使用左手去做右手常做的工作、事情時，思維主體的記憶力就會獲得非常大的提升。假如思維主體是一個「左撇子」，那就可以針對性地鍛鍊右手，鍛鍊方法與左手相同，也是同樣可以造成提升記憶力的作用。

對於年紀較大的人來講，也需要透過習慣記憶法來改善自身的記憶狀況。美國紐約西奈山醫院就曾作過這方面的研究，他們認為老年人應該養成多晒太陽的習慣。因為陽光可以對人腦的神經生長因子產生反應，使神經纖維獲得成長，而且經常晒太陽還可以形成良好的睡眠習慣，這對少眠易醒的老年人來

講是非常重要的。

　　老年人同樣需要對身體進行鍛鍊，只不過他們鍛鍊身體的強度比較輕。科學家建議老年人要養成「健走」的好習慣。「健走」屬於有氧運動，這種運動可以在一定限度內增加心跳的速率，並使身體四肢的協調性得到提升，四肢協調性提升了，就可以使小腦得到鍛鍊，從而使大腦的思考能力、認知能力以及資訊處理能力都獲得一定程度的提升。科學家建議，老年人每天應進行 3 次「健走」，每次「健走」的時間應保持在 50 分鐘左右。

第六節　時間管理法

　　亞歷山大・亞歷山德羅維奇・柳比歇夫（Alexander Alexandrovich Lyubishchev）是前蘇聯著名的昆蟲學家、哲學家、數學家。柳比歇夫一生中寫下了種類繁多的科學著作，這些著作不但涉及的範圍很廣（從生物分類學到昆蟲學、遺傳學、哲學、動物學，再到演化論、無神論、農業科學，等等），而且還取得了非常高的學術成就。

　　柳比歇夫畢業於聖彼得堡大學，他撰寫過很多回憶錄，不僅追憶了多位科學前輩，還發表了數量眾多的科學論文。這些作品前前後後一共寫滿了 12,500 張紙，單以作品的數量來講，柳比歇夫就超越了很多專職寫作的文學家。

　　畢業後，柳比歇夫在彼爾姆大學任教，他在教書的同時還兼任了大學教研室的班導師一職，在教書的同時也帶領著研究所下轄的一個科室攻克一些實驗難題。任教期間，柳比歇夫還經常到各地進行實地考察。幾年的時間裡，柳比歇夫幾乎跑遍了俄羅斯境內屬於歐洲的全部區域。他每到一個地方，都會在當地的農莊或集會所停留一段時間，對當地常見的病蟲害及農作物種植期間遇到的問題進行實地研究、防治。

　　即便是在「休息」時間，柳比歇夫也會繼續工作，他利用這些時間研究跳蚤的分類。在 1955 年的時候，柳比歇夫就已經蒐

集了共 13,000 隻跳蚤的標本（這一標本量是蘇聯動物研究所收集總量的五倍），他將這些標本整合成冊，製成了一套有 35 篇內容的跳蚤標本圖鑑。這本圖鑑裡還有 300 多種近 5,000 隻公跳蚤的「器官切片」標本。

柳比歇夫是一名知識淵博的科學家，他所掌握的知識廣度遠遠超出了人們的想像。在歷史方面，柳比歇夫可以詳細地列舉出君主立憲時期英國任意一位國王執政時國家政策的內容，在宗教方面，他熟知古蘭經、猶太聖經、馬丁・路德（Martin Luther）學說以及畢達哥拉斯學派等思想著作。可以說「廣博」一詞對柳比歇夫而言是名副其實的。

相信，很多人都願意將柳比歇夫視為一個非常勤奮又有天賦的「工作狂人」，因為只有這樣的人才能取得如上所述的成就。但事實上，柳比歇夫並非如此。柳比歇夫不僅喜歡看話劇、聽知名音樂家演奏的樂曲，還熱愛體育運動，喜歡四處旅遊。柳比歇夫秉承「累了就要馬上休息」的人生格言，他每天睡覺的時間至少有 10 個鐘頭，而用來工作、研究、學習的時間僅僅只有七八個小時，他還喜歡步行上班，完全沒有「爭分奪秒」的架勢。沒有人知道柳比歇夫是如何做到這一切的，即便是他的親人也不清楚。

直到柳比歇夫去世，人們才從他的日記裡找到了答案。原來，柳比歇夫早在 26 歲的時候就整理創造出了一整套嚴謹的時間管理方法，憑藉著這種管理時間的方法，柳比歇夫不斷地對

自己所花費的時間進行統計、分析、總結，並據此改進自己的工作、學習方案以及計劃未來的事務，從而使自己的時間利用率達到最高，大腦的使用效率、記憶能力提升到最大。

　　所謂時間管理法，就是透過制定合理有效的分配時間的系統方法來有計畫、有條理、有效率地處理工作並享受人生。實驗證明，這種管理時間的方法是提升記憶能力的有效辦法。現實生活中時間管理的方法有很多種，所能產生的效果也各不相同，在這裡我們僅介紹兩種最有權威的時間管理方法 —— 柳比歇夫法和四象限法。

　　柳比歇夫時間管理法要求思維主體做到以下四點：

　　1. 隨時隨地運用耗時記錄卡、工作計時錶等工具來記錄時間耗費情況。在記錄的時候，一定要保證所記錄時間的真實性和準確性。即便是有誤差，也要將誤差時間限制在 15 分鐘以內，否則記錄內容就失去了應有的價值。

　　2. 每結束一段時間的記錄之後，就要對該時間段內耗時事件進行分類統計，將該時間段處理不同事情的時間比例算出，並以圖表的形式繪製出來。在對時間進行統計的階段，切勿相信根據自身記憶猜想而得出的時間長短，因為人的記憶對時間這種抽象事物的猜想是非常不可靠的。

　　3. 統計並繪製成表之後，即可根據處理事情或工作的效果來分析時間的利用、耗費情況，盡快找到浪費時間的原因（比如，犯了過去常犯的錯誤，工作時間做了其他不該做的事情，

或者做了應該由他人完成的事情等）。在這一階段，思維主體所選擇分析的時間區域一定要具有代表性，否則分析所得的結果就是無用的。

4. 根據上一階段分析所得的結果來制定消除被浪費的時間因素的計畫，並將計畫付諸於下一階段的時間利用上。在這一階段中，一定要在計畫付諸行動之後及時進行調整、對比、記錄，不但要找出新計畫與原計畫之間損耗時間的差額，還要根據實際情況制定出運用在下一階段的時間安排計畫。

這樣堅持下去，就能一步步地讓管理時間的方法變得完美，最終可以實現高效利用時間，大量閱讀、快速記憶的目標。

四象限時間管理法是由著名管理學家史蒂芬‧柯維（Stephen Covey）提出的，該方法根據事情的重要和緊急程度將其劃分為四個象限：既重要又緊急的事情、重要但不緊急的事情、緊急但不重要的事情、不重要也不緊急的事情。想要對四象限法有一個清晰明朗的了解，首先就應該理解這四個象限所代表的含義及區別。

1. 第一象限 —— 既重要又緊急的事情。顧名思義，該象限內所包含的事情是既具備時間緊迫性，又具備重大影響，是思維主體無法避免也不可拖延、必須盡快解決掉的事情。

2. 第二象限 —— 重要但不緊迫的事情。該象限內的事情並不具備第一象限內的事情所具備的時間緊迫性，但這一象限內的事情同時是具有重大影響力的。從某種程度上來講，這種對

個人或者組織的經營或發展有著重大、長遠影響的事情，是需要思維主體花費大量時間和精力解決的。

3. 第三象限 —— 緊急但不重要的事情。這種事情是生活中很常見的事情（比如，打麻將三缺一，不明就裡又急迫的電話，附和他人等），由於它並不具備重要性，但又有緊急性，所以常常帶有很強的欺騙性。這種欺騙性可以嚴重影響思維主體的認知能力，使思維主體做出錯誤的判斷，將這些緊急但不重要的事情當成重要又緊急的事情去處理，結果只會白白浪費時間和精力。

4. 第四象限 —— 既不重要也不緊急的事情。該象限內的事情與第一象限完全相反，屬於日常生活中既常見又繁瑣的事情（比如發呆、閒聊、閒逛，整日無所事事等），所以將時間浪費在這些事情上，完全是對時間的揮霍，屬於浪費生命，是不可取的。

由此可見，這四個象限中較易區分的是第一和第四象限，這兩者是相互對立且壁壘分明的事物，第一象限是緊急、重要的事情，所以應該優先安排時間將其解決；而第四象限的事情，相信有志向的人是不會將時間浪費在這些事情上的。

第二和第三象限內的事情分別具有重要性和緊迫性，再加上第三個象限內的事情有很強的欺騙性，所以在區分這兩者的時候，應將判斷標準放到是否重要上面。只要事情不具備重要性，那就應該將其歸在第三象限，然後集中時間和精力優先處

理第二象限內的事情。

在這四個象限中，第四象限是不可為的，所以思維主體不必在此浪費時間。第三象限內的事情是缺乏意義的，所以思維主體要盡量避免將時間耗費在這一象限上，要學會走出第三象限。第一象限的事情是緊急且重要的，所以思維主體要優先安排時間解決這一象限內的事情。第二象限內的事情是重要但不緊急的，所以思維主體不必優先處理該象限內的事情，但一定要花大量的時間來「投資」該象限，提前對該象限內的事情打好基礎，做好準備，只要準備到位，可以好好地處理第二象限內的事情，那這一象限內的事情就會為思維主體帶來最大、最豐厚的回報。合理地利用四象限時間管理法，就可以最大化地提升時間的利用率，在這種高效的時間管理模式下，思維主體的腦功能和記憶力也會以最佳狀態發揮作用。

第七節　調節壓力法

　　周紫陌快要發瘋了！她從沒想過自己會如此憎恨學習！討厭學校！周紫陌一閉上眼睛，耳邊隱隱約約地就傳來了父母親嘮嘮叨叨、沒完沒了、懇切沉重的「諄諄」教導；一睜開眼，看到的就是老師那「咬牙切齒」、恨鐵不成鋼，「哀其不幸，怒其不爭」的面孔。真的要瘋了！周紫陌開始變得焦慮不安，她的精神狀態、記憶力也越來越差，頭腦總是昏昏沉沉的，沒幾日，周紫陌就因病住進了醫院。

　　整件事情的起因要從一個月前的年級能力測驗說起。每一年，學校都會安排一場能力測驗，然後根據考試成績，將「高三生」們分成三六九等，再劃分到不同的班級裡。周紫陌一直都是班級裡的傑出學生，但她在這次能力測驗中失誤了，年級排名狂降，最後被分到了「次等」班。自從這個消息被她的父母得知以後，周紫陌的生活就完全變了樣。

　　原本慈祥和藹的父母雙親，突然變得嚴厲起來，他們開始介入周紫陌的私人空間，限制她獨自外出的次數，調查她所往來的每一名朋友。即使周紫陌是在房間內複習功課，他們也會時不時地展開突擊檢查，這讓周紫陌倍感壓力，常常整晚睡不著覺。父親越來越嚴肅的面孔和母親反反覆覆的嘮叨讓周紫陌不願意在家裡多待，但即便是在學校，老師也開始戴著「有色眼

鏡」看她。

對老師而言，周紫陌嚴重下滑的成績，就意味著她的「問題」有多嚴重。老師找周紫陌約談了好幾次，可是她最近的表現反而更差。一旦開始上課，周紫陌要不是趴在桌上睡覺，要不就神遊物外，這種自暴自棄、毫無鬥志的樣子讓老師非常生氣。老師並不清楚周紫陌所背負的壓力，他開始用「挑剔」的眼光關注周紫陌，紫陌被嚴屬地教訓了幾次，這讓她更加苦惱，也使她走到了崩潰的邊緣。

幸運的是，周紫陌的情況在醫院內得到了好轉，她的命運也在此迎來了轉機。醫生告誡周紫陌的父母，讓他們注意教育孩子的方式，不要一味地施加壓力，過重的壓力只會損傷孩子的大腦和記憶。好在周紫陌的父母和老師也認知到了自己的錯誤，他們不但向紫陌道了歉，還主動幫助紫陌分擔心理上的壓力。

幾週後，周紫陌康復得很順利，醫生還專門為她設計了一套排解壓力的計畫，憑藉著這套計畫，周紫陌從失敗的深淵中站了起來，她以全新的心態面對挫折和質疑，一步一步地提升了學習成績，再次成了班級裡的傑出學生。

美國史丹佛大學的羅伯特・薩波斯基（Robert M.Sapolsky）教授和加州大學的詹姆斯・麥克高夫教授透過科學研究發現：如果思維主體長期遭受壓力刺激因素的影響，就會使思維主體的身體內分泌出一種名字叫做「皮質酮」的荷爾蒙，這種荷爾蒙

不但會影響大腦對長期記憶的讀取，還會使大腦內的海馬迴記憶中樞出現萎縮現象。如果思維主體連續在幾天內都遭到了高度壓力荷爾蒙「皮質酮」的影響，那就會使大腦的學習能力和記憶區域內的腦細胞出現損傷。

在現實生活中，人們總會被不斷變化的外界因素所影響，在這種情況下，人們只好以「改變自身」來適應社會的發展變化，也恰恰是這一過程為人們帶來壓力和焦慮，壓力和焦慮的反覆出現會嚴重影響人的身心狀態和記憶能力。雖然壓力是我們生活中常見且不可避免的，但我們還是應該掌握應對壓力、排解壓力的正確方法。

想要學習應對壓力的方法，首先要對「壓力」有一個明確的認知。壓力可以分為「有利的壓力」、「不利的壓力」、「短期壓力」和「長期壓力」四種。其中「有利的壓力」是指思維主體在面試、考試或者其他類似情況下所產生的壓力，這種壓力會使得思維主體的腎上腺素加速分泌，使思維主體表現得更加出色。所以，這種「有利的壓力」就是一種人體「興奮劑」，是不需要進行調節的。

「不利的壓力」產生的過程中往往伴隨極度焦慮或者煩躁的情緒。此時，思維主體就會表現出高度、過分的神經緊張以及肉體或者大腦上的疼痛症狀。一旦思維主體出現這種情況，就應該盡快排解他所遭受的壓力，情況嚴重的人應該送到醫院接受治療。

「短期壓力」是指「暫時性」的壓力。這種壓力往往在交通堵塞或者時間延誤的情況下出現，一般不會造成很嚴重的後果。所以這種壓力來得快去得也快，順其自然就好。「長期壓力」通常是因為一些慢性疾病或者長時間的失業所致，這種壓力持續的時間長，產生的痛苦嚴重且時間持久。思維主體所承受的壓力還會隨著時間的延長而逐漸加重，所以這種壓力是必須進行調節、釋放的。

研究發現，排解壓力的第一種方法就是：向專業人士求助。比如，在不了解導致壓力產生的原因時，就可以向心理諮商師諮商，在心理諮商師的幫助下弄清楚產生壓力的根源。找到原因之後，就可以使用第二種方法：對壓力進行分散處理。這種方法和公司分派工作任務一樣，首先應該找到一些可以幫助你承擔壓力的人，然後將壓力分散到這些人身上，達到減輕壓力，共同承擔的目的。

第三種方法是：學會說「不」。如果思維主體在面對他人的請求的時候覺得自己力不從心或者與自己的安排有衝突，那就要堅定地拒絕對方的請求，只有這樣才不會為自己增添壓力，也不會因為無法順利滿足他人的請求而生出新的煩惱。

第四種方法是：找到一種屬於自己的排解方式。例如，思維主體在工作之餘或者閒暇的時候，盡情去做一些與工作無關，但一直想做的事情，以此來達到放鬆自我、釋放壓力、排解內心煩惱的目的。即便是工作安排很緊湊，也要想辦法擠出

一些時間來做自己想做的事情，這種只屬於自己的事情才是排解壓力的最佳辦法。

第五種方法是：保持積極樂觀的心態。一般情況下，生活中常見的壓力和緊張感，主要是來自於思維主體的心理作用。因此，思維主體可以主動改變自己的心態，注重整理自己的儀表和心情，用自己的最佳面貌來迎接生活。只要能夠盡量使自己處在積極、樂觀的狀態中，很多問題和壓力自然也就迎刃而解了。

第六種方法是：盡情地逛街購物。對於女性而言，逛街購物絕對是一種放鬆解壓的最佳方式，在週末或者假期的時候，約上三五個好友，大家一起去購物逛街，聊天談心。那種將心儀的商品通通收入囊中的感覺一定是非常棒的。

第七種方法是：來一場說走就走的旅行。對於很多上班族來講，接觸大自然的機會是非常少的，所以在感到身心壓力特別沉重的時候，就可以來一場說走就走的旅行，讓自己沉浸在山水田園的風光之中，不再考慮工作和生活的煩惱，由此而產生的壓力很快就會煙消雲散了。

第八種方法：與長者暢談。當我們感到身心疲憊的時候，還可以主動找到自己的長輩聊天，只需要一次心與心的交流和鼓勵，再大的壓力都可以被化解。而且傾訴和交談本身就是排解壓力、發洩情緒的一種方式，更何況還可以在交談的過程中得到長輩的人生經驗與心得體會。

第八節 暗示記憶法

　　F 高中是一所私立高中，這所高中在當地並不算出名，雖然學校的學費不低，但學生的升學率卻不高，所以 F 高中在當地頂多只能算是一所「三流」學校。王老師其實是不願意到這所學校教書的，他可是正牌師範學校的畢業生，照理來說，他應該可以去公立學校教書，但他偏偏卻一直沒有通過教甄，這才不得不「委屈」自己，去了 F 高中教書。

　　F 高中並不是一所好學校，學校的師資力量很薄弱，學校的管理、學生的素養水準也很差，這所學校就像《逃學威龍》裡面的那所高中一樣，全校上下一團糟，這讓王老師一點也不得安寧。王老師帶的是二年二班的英文課，他初來乍到，既不喜歡和其他教師交流，又沒有其他朋友，只好有事沒事就去班上坐著，過一把「管理」學生的癮。時間久了，雖然王老師沒有擔任班導一職，但二年二班只有他這一位老師願意管理，所以他也就成了二年二班實際上的「班導師」。

　　就這樣，王老師胡里胡塗地度過了教學的第一個學期，等到期末考試結束，王老師才後悔莫及。原來，F 高中的年終獎金與該教師所帶班級學生的平均成績在年級的排名有關，名次越低獎金越少，倒數三名的教師還要被倒扣獎金，以此來作為警示、激勵該教師「上進」的手段。非常不幸的是，二年二班的英

文平均成績是全年級的最後一名，王老師的獎金也被扣了一半。

　　學生的學習成績關係到自己的荷包，王老師再也不敢粗心大意，他開始到處尋找能夠提升學生英文成績的辦法。一個月後，王老師信心滿滿地展開了他的「教學大業」。王老師首先將二年二班的學生們分為 A、B 兩組，在安排同樣的課程和作業的情況下，讓這兩組學生互相競爭，勝出的一組將會得到由他親自設計的獎品。

　　分組的時候，王老師特意將英文成績好的分到 A 組，成績差的分到 B 組，而他則需要在一學期的時間裡集中力量提升 B 組的成績，這樣整個班級的平均成績就會大幅提升，而他自然也就不會再受到處罰了。

　　為了能夠提升 B 組的學習熱情，王老師在監督 B 組的時候，每當 B 組的學生有一點進步，王老師都會大加讚賞，他不但口頭上要表揚，還會對著有進步的學生豎起一個大拇指。如果是整個 B 組有了進步，不論進步的幅度是大是小，王老師都會親自為 B 組加油鼓勵。王老師的行為讓整個 B 組的學生對學習英文這件事產生了極大的自信心，B 組的英文成績自然也就得到極大的提升。

　　就這樣，只有一個學期的時間，B 組的英文成績就得到了突破性的提升，他們的平均成績甚至超過了基礎遠遠比他們強的 A 組，這讓王老師欣喜若狂。期末考試成績出來之後，二年二班的英文成績竟然一躍成了年級第一。在期末大會上，校長

更是當著全校師生的面，親自表揚了王老師，並頒發了獎金給他。王老師的教育方式也成了「F 高中」的教育特色，轉而被其他老師爭相效仿。

其實，本文中王老師所使用的教學方法早在 1966 年就已經被人們所採用，這種教學方法最初被稱為「啟發式教學法」，也叫暗示教學法。暗示教學法是指：當思維主體在進行學習或記憶的時候，透過對大腦施加暗示的方法來建立無意識的心理傾向，以造成激發個人內在潛力，製造學習動機，提升記憶力、想像力、創造力的目的。該教學方法不僅適用於語言科目，而且在非語言科目方面也有著非常顯著的效果。

在使用暗示記憶法的時候，首先要遵守暗示記憶法的三大原則。第一個原則是：愉快而不緊張的原則。這一原則是指，思維主體在進行學習或者記憶的時候，不應伴有任何一種外部精神壓力，整個學習過程應該是輕鬆、愉快又集中的狀態。只有徹底消除生理、心理上的緊張、牴觸情緒，才可以使大腦的思維處在最活躍的狀態。

第二個原則是：有意識與無意識一致原則。在傳統的學習及記憶模式中，人們一般情況下只會重視理性學習和邏輯記憶的力量，這種學習方式其實就是習慣性地發揮、使用了左腦的記憶功能，並沒有顧及無意識調節的作用。一旦思維主體在學習、記憶的過程中將有意識和無意識相互統一、協調，那就能使大腦爆發出無窮的力量。

第三個原則是：暗示互動原則。這種原則即是在兩人互動學習或者師生互動學習情況下應用的原則。該原則要求師生之間或者互動雙方要相互信任、尊重，盡量能夠讓對方的理智和情感趨於一致，使互動雙方在有意識和無意識之間將更多的知識記在腦海中。

暗示記憶法的第一種實用方法是動作暗示法。這種暗示法是指暗示者用自己的語言、表情或其他非語言動作作為暗示，將自己的讚賞、鼓勵、喜悅等情緒傳遞給被暗示者，使被暗示者在有意無意之間受到暗示者的感染、影響，從而形成積極、自信、樂觀的心理狀態。在這種心理狀態的影響下，學習或記憶的效果自然也就可以獲得大幅提升。

在本文中，王老師對 B 組使用的暗示方法就是動作暗示法，在課堂上，根據所教的內容，老師還可以恰當地運用一些「藝術性」的動作暗示手段，比如在學習英文對話的過程中，可以將對話內容的場景還原出來，就像演話劇一樣讓學生以對話內容中的不同身分進行互動交流，這樣一來，學生很快就能將對話內容記熟。

暗示記憶法的第二種方法是：活動暗示法。該暗示法的主要目的就是透過一些遊戲活動，讓所有人都參與到學習中。比如，在學習過程中插入回答問題的遊戲，學習者就可以在進行遊戲的過程中，獲得展示自己、感受成功的樂趣。如此一來，學習者的自信心也會大大增強，而且活動展現出來的自發、隨

機等無意識特性與主動參與學習遊戲時的有意識特性得到了相互協調一致，自然就可以創造出最佳的記憶和學習效果。

　　暗示記憶法的第三種方法是：自我暗示法。事實上，每個人內心中都有一個「自我」，這個「自我」可以指引我們的思考方式和自我傾向，而控制這個「自我」的方法就是自我暗示。自我暗示法是指思維主體使用一些名言金句、英雄形象來激勵自己，也可以透過自我形象設計、總結經驗教訓、自我啟發、自我認識、自我欣賞的方法來暗示自己。

　　比如，想要提升記憶力的孩子可以在每晚入睡的時候不斷地默念「我要變聰明」這句話，用這句話來暗示自己。這樣一來，不但孩子的記憶力會得到提升，而且對孩子的自信心和智力也有著非常大的好處。

　　事實證明，每個人的內心深處都蘊藏著非常強大的潛能，自我暗示就是激發這種潛能的最好方法。在考試或者面試的時候，採用積極的自我暗示方法往往可以產生消除緊張，保持冷靜、自信的作用。而一遍又一遍地進行自我暗示，就會將暗示內容的牢牢銘刻在潛意識中，使大腦的思維邏輯自然而然地形成一種積極、良性的條件反射，最大限度地提升大腦的記憶能力。

第四章

全方位提升記憶法

第一節　間隔重複記憶法

　　於凱的記性不太好，學過的東西很快就會遺忘。可是，他最近得到了一個驚喜。一個週末，於凱和同學約好一起去動物園。當他趕到的時候，同學卻不見蹤影，原來對方有事情耽擱了。無奈的於凱只好坐在動物園門口的長椅上耐心等待，百無聊賴之際，他從口袋裡摸出了一張紙，上面列印了一段國文老師要求背誦的文言文。於是，於凱就利用等待的時間背誦起這篇文言文來。等他背完了，同學還是沒出現，於凱在附近轉了一圈，還是沒見到自己的玩伴。他只好再次坐下來，背誦那篇文言文來打發時間。等同學終於出現的時候，他已經背了3遍。

　　在動物園痛快地玩了一天之後，於凱坐上了回家的公車，又順手拿起那篇文言文來背誦。之後的幾天，利用各種閒暇時間，他又複習了幾遍。直到這個學期結束的時候，於凱對這篇文言文仍然記憶猶新。這讓他倍感意外，因為按照他的記憶力，背過的東西經過了這麼長的時間，早就忘得一乾二淨，不知道是為什麼，這篇文言文就像在他的腦子裡生根了一樣，隨時隨地都可以一字不漏地朗誦出來。

　　於凱之所以對背誦過的古文印象如此深刻，是因為他在無意中運用了建立在「艾賓豪斯遺忘曲線」基礎上的間隔重複記憶法。

　　「艾賓豪斯遺忘曲線」是由德國心理學家艾賓豪斯（Hermann Ebbinghaus）於西元 1885 年提出的。艾賓豪斯透過研究發現，遺忘現象在記憶開始後就立即產生，遺忘過程從最初較快到逐漸變慢，可以用函式圖表的形式來表現。經過大量的實驗驗證之後，艾賓豪斯成功地繪製出了「艾賓豪斯遺忘曲線」。

　　根據「艾賓豪斯遺忘曲線」，人們發現記憶過程中會出現「間隔」，這個「間隔」就是大腦遺忘過程的關鍵性節點。所以從「艾賓豪斯遺忘曲線」中找出「間隔點」，在「間隔點」出現前進行複習，就能最大限度地減少遺忘，提升記憶能力，順利地將所需記憶的內容掌握，達到增強記憶的效果。

　　人們從「艾賓豪斯遺忘曲線」中總結出的「間隔點」共有八個，這八個「間隔點」又被稱為 8 個週期。

　　第 1 個週期是指記憶行為開始後 5 分鐘；第 2 個週期是 30 分鐘；第 3 個週期是 12 小時；第 4 個週期是 1 天；第 5 個週期是 2 天；第 6 個週期是 4 天；第 7 個週期是 7 天；第 8 個週期是 15 天。

　　思維主體在進行記憶的時候，就可以用這 8 個週期的時間間隔為分界點進行記憶。比如，思維主體需要記憶 50 個英文單字，就可以將單字分為 10 組，每組 5 個單字。每記憶一組單字花費的時間界定在 3 ～ 5 分鐘，記完 10 組單字的時間約為 30 分鐘左右，一定不要超出 40 分鐘的時間。

　　等到將所有的單字全部記完之後，就可從第一組再次記

憶，以一天為限，將所有單字全部記牢，然後每天都按照這個流程來進行記憶。在記憶的過程中，還要將所有被記憶過的單字，在第 2、4、7、15 天後重新複習，這樣才能使記憶的效果達到最佳，使記憶的單字變得更加牢固。

間隔重複記憶法在記憶其他知識的時候同樣也有妙用。比如：思維主體需要記憶一篇課文，那就應該分成 5 步進行記憶。

第 1 步要做的就是大聲地將課文內容朗讀一遍，然後進行第 2 步：合上書本，在心裡默念或盡量將文中的內容回憶、背誦出來，實在想不起來的地方可以看書。第 3 步：開啟書本，核對自己腦海中的記憶是否與書中內容一致。第 4 步，看完之後將書中內容抄寫一遍，在抄寫的時候，不要一個字一個字地抄，而是要一句一句地抄。抄完之後就可以進行第 5 步：合上書重新背誦一遍，這一步之後，整篇文章基本上就可以全部記住了。

記住文章之後，還要在第 2、4、7、15 天的時候進行複習，這樣就能加強記憶的效果，使那些已經被記憶的知識變得更加牢固。在進行記憶的過程中，可以盡量將所需記憶的內容劃分成組、段的形式。每組、每段記憶的時間界定在 5 分鐘之內，每 5 分鐘為一個小「間隔」，每三十分鐘為一個「大間隔」，盡量在間隔內進行記憶，這樣一來就能避開大腦的遺忘機制，大大增強大腦的記憶能力，取得事半功倍的效果。

第二節　循環記憶法

　　王仕仁以優異的成績考入了市立國中，並被分到升學班，這讓他感到非常滿意。進入國中後，課業內容比小學繁重許多，每天所需完成的功課翻了三倍，這幾乎成了一種學習的「負擔」。種類繁多的科目和日益深奧的知識也讓很多學生難以適應，學習成績自然也就出現了非常大的波動。

　　王仕仁就完全沒有適應課業上的「大幅度」變化。本來成績極為優異的他一下子就成了升學班裡的「吊車尾」，這讓他非常沮喪。如果他的成績一直維持這種狀況，等到這次期末考試之後，王仕仁很可能就會被重新劃分到普通班級，這是他所不能接受的。

　　為了能夠盡快提升自己的學習成績，王仕仁開始發奮讀書，他經常挑燈夜戰，拚盡全力念書，但這番努力所取得的成效十分有限，反而使王仕仁的身體變得虛弱起來。無法改變現狀的王仕仁在沒有其他辦法的情況下，決定去圖書館裡尋找能夠解決當前問題，提升記憶能力的方法，並希望以此來緩解自己所面對的學習壓力。

　　王仕仁先後在圖書館裡借閱了幾本關於提升記憶力主題的書籍，他在書中找到了許多可以提升記憶力、幫助記憶的方法。在經過仔細挑選之後，王仕仁認為「循環記憶法」是可以解

決當前問題的最佳方法。這種方法不僅操作簡便，符合大腦記憶的規律，還與學校課程相互搭配，能夠很好地結合在一起，使整個學習過程都變得輕鬆、有效率起來。

王仕仁是一個非常果決的人，既然選定了方法，就迅速地將其應用到實際學習之中。此後，王仕仁每天都按照「循環記憶法」的記憶方式來記憶課堂內容，這種學習方法讓他的記憶能力大大增強，英文、國文和一些生僻拗口的文章都被他完整地記了下來。隨著這種方法的熟練應用，王仕仁的各科成績都有了非常明顯的提升，班級名次也從原來的「吊車尾」穩步趕了上來。

等到期末考試到來之前，王仕仁不僅可以輕鬆應對所有科目學習目標，而且還擁有了大把的時間來發展興趣愛好，他先後參加了書畫班和樂器班，並取得了很好的成績。期末考試後，王仕仁再次取得了年級前三名的優異成績，而這正是他努力學習、合理記憶換來的成果。

所謂「循環記憶法」就是根據人腦的記憶規律、特點，循環反覆進行記憶的方法。這種方法用所需記憶的資訊對大腦進行反覆刺激，以達到牢記於心的目的。事實上，現階段應用於課堂上的記憶方法就是簡化版的「循環記憶法」。

比如，在課堂上學習英文的時候，一般都會使用「1. 聽讀；2. 朗讀；3. 默背」的方法來進行記憶，這種方法就將記憶資料在大腦中進行一次循環，在一定程度上產生了刺激大腦的作用。

但因為不同人的記憶能力不同，很多人是無法憑藉一次循環就達到記憶目的的，所以在記憶重點的時候就應該使用課堂「循環記憶法」的加強版 ——「分組記憶法」。

所謂「分組記憶法」，就是先將所需記憶的資訊分成若干組，然後兩組作為一個循環，迅速、連續性地對大腦進行刺激，達成記憶目的。比如，在記憶英文單字的時候，我們先根據自身的記憶能力，將所需記憶的內容分成若干小組，每小組由 4～6 個單字片語成。在分組的過程中，可以根據單字的難易程度進行合理分配，如果單字較長、較難，就可每組少分一些，如果單字較短、較易，就可多分一些。

記憶時，先從第 1 組開始，記完之後，立即對第 1 組進行複習，在記憶的過程中一定要集中注意力，否則記憶的效率會變得非常低下。記完第 1 組後，即可記憶第 2 組，複習第 2 組。在記憶的過程中，不必非得一次性就將詞義、字母組合記住，只需熟悉，用心記憶即可。記完 1、2 兩組之後，就將這兩組的內容合起來進行複習，以完成第一個分組循環。

第一個分組循環完成之後，就可按照上面的步驟來記憶第 3、4 組，然後再記憶第 5、6 組，再記憶第 7、8 組，以此類推，分組循環、快速記憶。在進行這一階段的記憶過程中，每一個單字的記憶時間應該界定在 2～5 秒之內，整個循環的時間應該界定在 1 個小時之內。完成一個階段的記憶後，應在白天的時候抽時間複習一次，然後在晚上睡覺前再複習一次，等到第

二天早晨再複習一次，三天或一週後再複習一次，將循環記憶法與間隔重複記憶法結合起來，記憶的效果就會變得非常牢固。

在記憶長篇文章或者文學名著片段的時候，同樣可以使用「循環記憶法」。比如，在記憶的時候可以將全文分成若干段，在第一天的時候將第一段內容讀 10 遍，第二天再把第二段內容讀 10 遍，第一段的內容複習 5 遍。

等到第三天的時候將第三段讀 10 遍，第一段、第二段的內容複習 5 遍。第四天將第四段內容讀 10 遍，第二段、第三段內容複習 5 遍，第一段內容複習 2 遍（第一段複習結束）。第五天讀第五段內容 10 遍，第三段、第四段內容複習 5 遍，第二段內容複習 2 遍（第二段複習結束），以此類推，每段內容複習四天、兩個循環即可。

因為在使用「循環記憶法」來記憶單字時往往花費大量的時間，所以在使用該方法的時候，還要特別注意時間的選擇。比如，可以選擇在功課量不大或者課業比較輕鬆的時候進行記憶，也可以利用節假日、星期天等時間較為充沛的日子進行記憶，或者在早晨起床後以及晚上入睡前的時間進行記憶。

在條件允許的情況下，還可以將記憶資料進行分類，把容易記憶的內容分到同一記憶小組內，不容易記的分到另一小組內，這樣就可以集中精力來對難以記憶的內容進行循環記憶，而容易記憶的內容則可以減少循環的次數，以此來提升整個循環記憶過程的效率。

在進行循環記憶的時候，還可以與他人搭配進行。比如，在記憶英文的時候，一人用中文發問，一人用英文回覆，另一人當作裁判並在某人答不出來的時候進行提示，這樣就可以避免一個人在單獨記憶、複習的時候總想偷看答案的情況，也使得記憶過程變得更加有趣，記憶效果自然也會得到提升。

第三節　聯想記憶

　　古人云：「三十而立，四十不惑。」但金主任不僅沒有任何不惑的感覺，反而對自己的學習成果感到非常不滿。金主任是 C 中學的教務處主任，他擔任這個職位很久了，這份工作算不上繁重，所以他有充足的時間去做他想做的事情。金主任酷愛中國歷史，不過他的文言文不是很好，以至於看史書的時候大都會選讀一些已經翻譯好的作品，這種讀法讓他感到很不舒暢，所以他下定決心要認真學習，將自己的文言文「底子」補上來。

　　所謂「知易行難」，雖然金主任「惡補」古文「底子」的想法很堅定，但他在實際操作中卻屢遭挫折。文言文艱澀拗口，史料背景又真真假假、詭祕莫測，想要弄清整個中國歷史興衰的脈絡，實在不是一件簡單的事情。最關鍵的是，閱讀史料只是最基礎的第一環，如何將史料內容牢固地「印」在腦海中，在需要考證、分辨、比較各種史書所載內容真偽的時候，可以輕鬆將腦袋中儲存的史實「拿出」來，才是解讀、求證歷史的關鍵。

　　如何快速、牢固地記憶史料是金主任面臨的新難題。為了能夠盡快解決這個難題，金主任決定向他的好友王老師求助。王老師也在 C 中學任教，而且他還是一名資深歷史教師，所以金主任相信能在他那找到解決問題的辦法。在聽了金主任的請求之後，王老師很快就從他的教學經驗中找到了解決問題的方

法，他建議金主任用聯想記憶的方法來記憶史料。

　　金主任也曾聽說過有一種叫「聯想記憶法」的記憶方法，但他並不清楚這種記憶法的實際內容，於是王老師又建議他去查閱這方面的資料。為了能夠盡快掌握這種方法，金主任接受了王老師的建議，他專門查閱了有關「聯想記憶法」的資料，希望能夠利用這些資料全面、詳盡地掌握這種方法。

　　功夫不負有心人，一個月後，金主任終於掌握了「聯想記憶法」的使用方法，他馬上將這種方法應用到「讀史」上面，記憶史料的過程果然變得順利起來，這讓他非常滿意。時光流逝，金主任發現那些已經被他記在腦中的史料仍然是非常牢固、清晰的，記憶內容可以在他需要的時候及時地回想起來，讓他在研究史料的過程中事半功倍。後來，金主任還憑藉著雄厚的歷史功底，成了一所大學裡的約聘教授。

　　美國著名的記憶專家哈利・羅雷因曾說過這樣一句話：「記憶的基本法則就是將新事物聯想於已知事物。」聯想記憶法就是利用記憶對象與客觀事實之間的聯關聯、事物與事物之間的關聯、未知和已知之間的關聯、資料內部與外部、部分與整天之間的關聯來進行記憶的方法。

　　科學研究發現：在事物與事物有相似性的情況下，人總會由一個事物對另一事物產生聯想。如果思維主體在記憶未知事物或者新知識的時候，將新事物與自身所經歷過的事物連繫起來，並由此在大腦中留下深刻的印象，就可以最大限度地提升

記憶的效果。

第一種聯想記憶法是：「接近聯想法」。這種聯想法要求：所需記憶的資料在時間上或者空間上有彼此接近之處。如此一來，只要兩種或兩種以上的事物，在時間或空間上同時或接近，那在記憶的過程中，思維主體想起其中一種事物，就很可能會引出對另一種事物的記憶。如此，憑藉著記憶資料之間的聯繫，大腦展開聯想，自然就可以非常輕鬆地將所需記憶的資料牢牢記住，使記憶的效果成倍提升。

例：在記憶戰國時代的歷史內容時，從同一時間、空間上進行聯想，就可以想到戰國時代由「三家分晉」開始，到秦統一中國結束。在這一時期內，中國分裂成秦、楚、燕、趙、韓、魏、齊等七個諸侯國。這些知識彼此間都有時間或者空間上的連繫，所以大腦就可以很容易地將其整理記憶下來。在記憶地理知識的時候，可以從同一空間上進行連繫，比如，想到亞馬遜盆地的時候就會想到亞馬遜河，並由此想到亞馬遜盆地是世界上最大的熱帶雨林，有「地球之肺」的美稱等。

第二種聯想記憶法是：「對比聯想法」。這種聯想記憶法是借用所需記憶事物之間相互對立的特點來進行聯想。這種聯想記憶法的目的是突出、比較事物之間的差異性。大腦往往「偏好」有「特性」的事物，對這一類型的事物「情有獨鍾」，記憶的效果自然就變得非常好。比如，中國的詩詞、對聯都是以相互對仗的形式寫出來的，這樣不僅會讓詩詞變得有韻律，還會讓

大腦「抓住」詩詞中的特性，達到快速記憶的目的。

例：律詩的中間兩聯是相互對仗的，在記憶這兩聯的時候就明顯比記憶其他詩句容易，並且記憶的效果也非常好。比如：「金沙水拍雲崖暖，大渡橋橫鐵索寒」和「大漠孤煙直，長河落日圓」等詩句很多人都記得，但全詩的首尾聯就很少有人能夠全部記下來。

在學習氣候系統中的氣旋與反氣旋的知識時，由於氣旋和反氣旋的氣壓分布狀況、氣流狀況、旋轉方向、天氣狀況等都是相反的，所以思維主體只需在氣旋和反氣旋兩種知識中選擇一個進行記憶，就可以達到全部記住的效果。

第三種聯想記憶的方法是：「聚散聯想法」。這種方法是借用聚散思維，從多方面對知識進行連繫，使得知識可以從一定數量而整合為一個整體，或可以由一個知識分散成多個面向。這樣不僅可以建立起知識與知識之間的關聯，還可以達到舉一反三、觸類旁通、提升記憶力的目的。「聚」和「散」是這種方法的兩個面向，這是一個互逆的過程。

例：在記憶地理知識的時候，有關「北回歸線」的知識就可以使用「聚散聯想法」來進行記憶。首先可以由「北回歸線」想到：

1. 太陽在北半球能夠直射到的距離赤道最遠的位置。

2. 緯度約在北緯 23 度 26 分 21.448 秒。

3. 地平面與地球赤道面的夾角也就是黃赤交角。

4. 又稱夏至線，每年夏至，該緯度都會受到太陽光的垂直照射。

5. 是熱帶和北溫帶的分界線。反之，也可以透過上述的 5 點內容逆推出「南回歸線」，這樣「聚、散」一體、互逆互推，就可以達到提升記憶力的目的。

第四節　感官協同記憶法

作為一名高三升學班的化學老師，源芳老師知道自己的肩上擔負著多麼重的責任。在高三自然組的所有課程中，化學雖然不是主科，但它作為一門必考科目，該科成績的高低好壞對學生的考試總成績同樣有著非常大的影響。源芳老師一共帶了三個班的化學課，這三個班裡面，就數三年八班的化學成績最差，如何提升這個班級的化學成績，也成了源芳老師最在意的事情。

為了能夠提升三年八班的化學成績，源芳老師占用了大量課餘時間來為三年八班學生們補習功課，但她的苦心不僅沒有提升學生們的化學成績，反而讓整個三年八班的學生對學習化學這件事產生了抵抗情緒，有些學生甚至還當面指責源芳老師占用他們的課餘時間。學生們的這種做法讓源芳老師感到非常失望，她不得已停下了對三年八班的補習策略。沒有了源芳老師的約束、幫助，三年八班的化學成績一落千丈，一下子成了全年級化學成績最差的班級。

三年八班的年級排名讓源芳老師意識到了事情的嚴重性，她必須盡快找到一種既能夠提升學生化學學習成績又不使他們反感的學習方法。在一次化學實驗中，源芳老師偶然發現，三年八班的這些學生們對化學實驗非常感興趣，學生們還會把每

次實驗後的實驗報告填寫得非常完整，這讓她下意識地想到了一種改變三年八班化學成績的方法。

此後，源芳老師花費了大量心力，將三年八班的每一堂化學課都安插了部分實驗性的內容，盡量用實驗互動的方式來替學生們上課，如果條件允許的話，源芳老師就會以完整的實驗步驟來講解課本上的知識，讓每一名學生都能夠親自操作實驗。源芳老師的方法果然有效，三年八班學習化學的熱情一下子就被燃燒起來了，學生們對這種能夠親手操作的實驗非常感興趣，他們甚至主動要求源芳老師替他們「加課」。

一個月後，三年八班的化學成績果然獲得了大幅提升，這讓源芳老師更加堅信了她所使用的教學方法。不久後，源芳老師又將這種方法應用到其他兩個班級，同樣取得了不錯的成效。等到期末考試的時候，源芳老師所帶的三個班級的化學成績占據了年級前三，這讓她名聲大振，很多教師都主動前來「取經」，希望能夠從她這裡學到經驗。

源芳老師不是一個敝帚自珍的人，她專門舉辦了一次公開講課，將自己使用的教學方法原原本本地呈現了出來，還請求其他教師給予建議。在這次講課中，源芳老師和其他教師集思廣益，弄出了一套「多種感官協同記憶策略」，而且還成功將這種記憶策略化應用到各個科目之中，初步達到了提升教學品質的成果。源芳老師還因此被調入了該校的學習發展部，專門研究提升學生學習效率的方法。

感官協同記憶法是以人的感官協調進行記憶的方法，這是一種非常高效的記憶方法。這種方法利用人體的「感官協同效應」，在記憶、學習的過程中調動、使用盡可能多的感官，充分發揮人腦的視覺、聽覺、運動等神經中樞的積極性、協調性，以此來使記憶的效果獲得提升。

科學研究顯示：在記憶的過程中，思維主體所使用的感官越多，獲得記憶對象的資訊就會越豐富，記憶、學習的效果也就會越牢固、扎實。單感官記憶後記憶的保持率是非常低的，如果在記憶的過程中僅用口念，記憶的效率只能達到10％；如果只靠耳聽，記憶的效率只能達到20％；如果只憑藉眼看，記憶的效率只能達到30％；如果在記憶的過程中能夠做到眼、耳結合，那記憶效率就可以達到50％；如果在記憶的時候可以邊聽、邊看、邊讀、邊寫，記憶的效率就可以達到90％以上。

宋朝大學者朱熹就曾在《訓學齋規》內言明：「心不在此，則眼不看仔細，心眼既不專一，卻只漫浪誦讀，絕不能記，記亦不能久也。三到之中，心到最急，心即到矣，眼、口豈不到乎？」後人將這種記憶方法總結為「三到」讀書法，這種方法要求思維主體在讀書的時候一定要做到心到、眼到、口到（三到之中，心到最為重要），充分發揮感官協作的作用，達到提升記憶力的目的。

其實在現階段的教學中，學校所使用的教學方法同樣是「感官協同記憶法」，只不過課堂上能夠使用的感官只局限在「眼

看」和「耳聽」上面，如果老師能夠將課堂知識轉換成生動的影像畫面以及可以感染情緒的語言的話，就可以將兩者好好地結合起來，同樣可以使課堂記憶的效果獲得大幅度的提升。

如今，很多學生和家長都認為不斷地做題、解題的「題海戰術」是應對考試、獲得好成績的最佳方法。有些人甚至認為只有盡量多做題，不斷解題、接觸新題型，才能胸有成竹地應付考試。事實上，這種學習方法已經違背學習知識的初衷，學習的關鍵在於理解和掌握知識，只要在學習的過程中可以做到真正掌握課堂內容，就自然能夠達成學習目的。

想要在課堂學習中真正掌握課堂內容，就必須在課堂上做足五個面向的工作，也就是「感官協同記憶法」中的「五到記憶法」，即「眼到、口到、心到、手到、耳到」。「眼到」就是指思維主體在課堂上不僅要認真看教材內容、參考資料和老師在黑板上書寫的內容，還要觀察老師的面部表情、手部動作以及其他同學的反應。

「口到」則要求思維主體應有意識地複述老師所講的重點內容，在條件允許或情況合適的時候將重點概念、定理以及老師指定背誦的段落大聲、勇敢地讀出來，並在課堂上盡量多提問或主動回答老師提出的問題。

「心到」則要求思維主體主動思考、消化課堂上所講的知識內容，對老師提出的問題有獨到的見解，盡量按照自己的思考方式來解決習題和課堂作業。在時間和條件允許的情況下，還

要盡可能多地用其他思考方式來解題，如果發現錯誤，就要思考自己錯在哪裡。

「手到」則要求思維主體在課堂上按要求劃出老師所講的重點內容，圈出自己疑惑或不太明白的知識，還可以在空白的地方備註上自己的學習感想。在閒暇的時候，還要挑選一些有學習價值的書籍、名著來抄寫，盡量養成抄書的習慣，這樣才能源源不斷地累積知識，加強對書中內容的理解程度，加深印象。

「耳到」則是要求思維主體在課堂上主動、專注地聽講，不僅要一字不漏地聽見老師講授的內容，還要聽取其他同學提出的問題和見解，積極參與討論，認真聽取老師的解答。在學習語言課程，尤其是學習外國語言的時候，一定要養成「耳聽」的習慣，只有聽多了，才能聽得懂、講得出，才能使枯燥的外語知識變得有趣，降低學習外語的難度，提升外語學習的效率。

在眼、耳、口、手、心等多種感官和多個身體器官、部位的共同參與、協作下，大腦神經中樞學習、記憶的「積極性」就會被全方位啟用，不但使大腦處理資訊的能力大大增強，還會使學習效率、記憶效果得到大幅提升。當然如果能在學習的過程中加入嗅覺、觸控、品嘗等感覺方式，那學習、記憶的效果就會變得更好。

第五節　超級音樂記憶法

　　身為一名語言愛好者，小潘有著非常強的時間觀念，他的時間安排很緊湊，而且他還把幾乎全部的閒暇時間都花在了研讀各國語言文學上面。對小潘來說，研究各國語言就是工作之餘最佳的休息方法，但這種方法對他的家人而言則顯得很不公平。

　　小潘的這種生活方式讓他幾乎沒有時間去郊遊、度假，也沒有時間陪伴妻兒，時間久了，家庭關係自然就被他弄得一團糟。前些日子，他還因為痴迷於外語學習這件事和妻子大吵了一架，這讓小潘既糾結又苦惱。

　　為了緩和家庭矛盾，讓爭吵、離婚等事情從自己的生活中消失，小潘不得不主動放棄學習外語的機會，盡量將閒暇時間拿出來陪伴家人。如果時間允許的話，他還是會偷偷摸摸地讀書，盡量不讓家人發現，臨時性地「過乾癮」。

　　小潘熱衷外語也有好幾年了，這些年裡他自然結交了不少志同道合的朋友。自從他減少和這些朋友聚會的次數之後，小潘的頭上就被扣上了「怕老婆」的帽子。此後，只要小潘有時間去參加聚會，這些朋友們都會拿這件事來取笑他，搞得小潘十分惱火。

　　一天，小潘看準了一個機會，偷偷摸摸地打開了一本新買

的法文書。這本書講的是在 16 世紀末至 17 世紀初盛行於法國的巴洛克音樂流派的事情，書的末尾還附贈了一張 CD，裡面是巴洛克流派代表人物巴哈（Bach）、維瓦爾（Vivaldi）和韓德爾（Handel）等人的代表作品。小潘一邊將 CD 放進播放器內，一邊開始看書。

不知不覺中，小潘就將這本 500 多頁的純法語書讀完了，他看了看手錶，發現自己竟然只花了四個小時，這讓他非常驚訝。半個月後，小潘驚詫地發現自己竟然還可以很清晰地回想起在那本法文書上看到的內容。什麼時候自己的記憶力這麼好了？這讓小潘既興奮又疑惑。一番努力之後，小潘終於找到了使他記憶力提升的原因 —— 那張 CD。

原來，這張 CD 裡面都是一些節拍在 50 ～ 70 之間的巴洛克慢板、高頻音樂，這種音樂的節拍和人體正常情況下的心跳、呼吸頻率非常相似，所以在聽這種音樂的時候，人體的心跳、呼吸頻率就會和音樂節拍相趨同，可以最大限度地消除人腦中的負面情感，使人體進入冥想狀態。

在弄清楚事情的原因之後，小潘就將這張 CD 珍藏了起來，每當他要學習外語的時候，都會先把 CD 放進播放器裡，邊聽樂曲邊學習。在這張 CD 的幫助下，小潘只需要花費很少的時間就能夠學習大量外語，這讓他非常滿意。自從學習效率提升之後，小潘就再也不用擠時間偷偷摸摸地學外語了，他還有了充足的時間來陪伴家人。時間久了，小潘不但滿足了自己

的需求，還緩和了家庭裡的矛盾，再次成了名副其實的「一家之主」。

超級音樂記憶法就是在思維主體學習、記憶的過程中，以播放音樂的形式來幫助其增強記憶的方法。這種方法是由保加利亞著名心理學家喬治‧洛扎諾夫（Georgi Lozanov）博士提出的，他以心理學和醫學研究成果為依據，在研究了大量巴洛克音樂後發現：有部分節拍在每分鐘 60 拍上下的巴洛克音樂可以誘發、增強人腦中的 α 波，促進大腦分泌出腦內嗎啡、乙醇膽鹼等有益的化學物質，使大腦進入「超腦」狀態，最大限度地提升學習效率、記憶效率、理解分析能力及大腦的創造性思維能力。

科學研究發現：腦內 α 波是指頻率在 8～12 赫茲間的腦波，這種腦波只會在思維主體情緒穩定、愉悅、舒適的情況下產生。該段腦波的吸收性強，在大腦整理資訊及進行記憶的過程中有著非常強大的正向作用。如果在思維主體進行記憶的過程中，將其大腦的腦波調整到 α 波狀態，就可以讓他的注意力、記憶力處在最佳狀態，達到最優化學習的目的。

超級音樂記憶法的具體步驟是：在一個相對安靜的環境中，首先挑選一臺品質好、音效佳的音響（以防止出現失音的情況），然後播放一首節拍在 50～70 拍之間的巴洛克音樂，讓這首音樂成為整個學習過程中的背景音樂，音樂的分貝盡量控制在 30～40 之間，只需要思維主體能夠隱約聽到即可。

其次，讓思維主體全身心地投入到音樂中，用心去感知音樂並逐漸適應音樂的節奏，讓自己有一種被音樂包圍的感覺，還要在這一過程中盡量保持放鬆。等到思維主體進入狀態之後即可開始學習、記憶。在學習的過程中可以跟隨著音樂的節拍來有節奏地進行記憶，等到學習結束之後，再播放幾分鐘頻率輕快的音樂來緩和學習帶來的壓力，使思維主體的大腦從記憶活動中恢復過來。

科學實驗證明，憑藉這種學習方法，學生每天可以學會 1,200 個外語單字，平均記憶率達到 96.1％，學習速度提升到 2 ～ 10 倍，學習時間縮減到 5%。在堅持使用超級音樂記憶法的情況下，思維主體甚至可以在四個月內完成一般學生兩年才能夠學完的課程，最大限度地激發大腦靈感，提升記憶能力。

在條件不允許的情況下，思維主體還可以使用編歌曲或填歌詞的形式來進行記憶。比如，有些教師就編出了「英文字母歌」、「化學元素週期歌」等歌曲來幫助學生進行記憶。所以，在記憶的過程中，思維主體也可以自主編輯或填寫一些易讀、易記的歌曲來幫助記憶。

除了編歌曲、填歌詞之外，思維主體還可以在學習或記憶的過程中播放一些自己喜歡的歌曲來充當背景音樂。在播放這些音樂的時候一定要注意播放的音量不要太高，挑選的歌曲應是輕快且有助於學習的，千萬不要挑選一些沉悶、憂傷或刺激的音樂，這樣做是不會造成幫助學習、提升記憶的作用的。

第六節　縱橫交錯記憶法

　　身為一個非常聰明且善於思考的孩子，小岳是很幸運的，強烈的好奇心讓他從小就顯得與眾不同。上學前，小岳是家人捧在手心中的一顆明珠，父母親人對他百般愛護；上學之後，他就憑藉著聰明的頭腦迅速成了班級裡最炙手可熱的人物，老師同學對他都很親切友善。在這種幸福陽光的環境中，小岳愉快地成長著。歲月如梭，一眨眼，小岳已經開始讀國中了，在這裡他接觸到了更加深奧、有趣的科學知識，這讓他十分開心。

　　近日，小岳在數學課本上看到了一個非常有意思的概念──平面直角座標系。在仔細檢視了該概念的定義之後，小岳發現只要是出現在座標系上的點，那它在縱軸和橫軸上就一定有意義。弄懂了這個概念之後，小岳馬上就聯想到了他在記憶學習資料時所使用的方法。小岳在進行記憶的時候，會優先記憶那些容易進行記憶的內容，然後再將不易進行記憶的內容整理出來。

　　在記憶這些不易被大腦記憶的內容時，小岳首先會仔細地尋找這些資料之間的內在關聯，然後將這些資料整理排列成縱橫兩列，縱列和橫列都分別具備意義，然後他會優先對縱列的內容進行記憶，等到記完縱列後再對橫列的內容進行記憶，以此來達到快速記憶的目的。

　　小岳的這種記憶方法只不過是他對自身記憶模式的總結，但他一直弄不清楚自己為什麼只要按照這種方法進行記憶，就可以大大提升記憶的效率。「平面直角座標系」的概念為小岳帶來一些靈感，但這些靈感還遠遠不夠。為了能夠弄清楚自己心中的疑問，小岳開始有意識地接觸有關「記憶法」方面的知識。

　　在一次偶然的情況下，小岳從一本書中找到了一種和他使用的記憶方法完全相同的記憶法 ——「縱橫記憶法」。在這本書的內容裡，詳細地解釋了「縱橫記憶法」是可以極大地提升學習、記憶效率的記憶方法，而且還證明了這種記憶法可以將原本平鋪直敘的死記硬背式記憶改變成「縱橫交錯」的立體式記憶。

　　自從詳細地了解了「縱橫記憶法」的原理及內容後，小岳就開始大量採用這種方法來進行記憶。這種記憶方法果然沒有讓他失望，它不但讓小岳的記憶效率和學習效率得到了非常大的提升，還在小岳記憶一些歷史資料或語言知識的時候替他帶來了非常大的幫助。憑藉著這種記憶方法，小岳取得了讓人矚目的學習成果。

　　科學研究發現：事物與事物之間都隱藏著內在關聯，這些內在關聯可以用縱橫交錯的立體狀態展現出來。在記憶的過程中，只要思維主體能夠找到記憶對象之間縱橫交錯的內在關聯，就可以使大腦對記憶對象產生深刻的印象，並加深對這些內容的理解。對大腦而言，在記憶複雜資料的時候，「縱橫交錯

記憶法」就可以造成一針見血的作用，而這些經過「縱橫交錯記憶法」整理出來的記憶資料也會更加容易被大腦的記憶網路所吸收。

在記憶語言、單字的時候，就可以利用「縱橫交錯記憶法」。在使用這種方法的時候，首先思維主體要準備一些大小相同的紙板，並在這些紙板上分別寫上需要記憶的語言或單字，然後查詢這些語言或單字之間的內在關聯。

等到弄清楚隱藏在這些記憶對象之間的關聯後，思維主體就要將這些寫有記憶對象的紙板按照彼此間的關聯，縱向排列成一個具有意義的句子，然後再從縱列中選出一個記憶對象作為橫列的基點，並橫向排列成另一個有意義的句子。

縱橫排列完畢之後，記憶對象間就會形成一個縱橫交錯的立體知識網。一旦這張立體的知識網路被編織出來，大腦就會優先對其進行記憶，將整個知識網路迅速地融入腦海中的記憶網路內，記憶的速度自然也就會得到倍數的提升，記憶的目的也可以輕鬆達到。

例：假設思維主體需要記憶全球史料，那麼他就應該先將自己國內的歷史資料進行整理，把這些史實按照時代更替的先後順序縱向排列出來，然後將這些縱向排列的歷史事件的時間或時段標明，再透過這些時間和時段來尋找世界上其他國家在同一時段內發生的歷史事件，然後將這些其他國家發生的歷史事件橫向排列出來，讓這些橫向史料和縱向史料相互對應，以

此來形成全面系統性的立體型知識網路，達成快速記憶的目的。

　　當然如果橫向排列的事物相似性太高，容易出現混淆現象的話，那就應該將橫向變為縱向，用縱向取代橫向，以便於大腦記憶。比如：歐洲很多國王都會沿用一個稱謂，在記憶這些國王的生平和政治貢獻的時候就不要將他們的名字作為橫向座標，而是要借用縱向排列來進行記憶，這樣可以很好地掌握各個國王之間的區別，又能將相關事項區分清楚，最終順利達成記憶目的。

第五章

快速提升記憶法

第一節　繪圖記憶法

　　李艾麗的父母親都是畫師，所以她從牙牙學語的時刻開始，就與畫畫結下了不解之緣。等到了該上學的年紀，李艾麗的父親李正國卻做了一個驚人的決定 —— 他不允許李艾麗和其他小朋友一樣去幼稚園上學。至於李艾麗的啟蒙問題，李正國則表示將由他親自負責。起初，李正國的決定遭到了一家人的一致反對，但李正國還是力排眾議，堅決執行了他的決定。

　　就這樣，李艾麗在李正國的安排下開始了獨屬於自己的啟蒙歷程。李正國專門為李艾麗設計了一套特殊的啟蒙教材，這套教材不僅有著非常全面豐富的啟蒙知識，而且還是由他親手製作的。這套教材的特殊之處還不止於此，整套教材內少有文字，幾乎全部由通俗易懂的簡筆畫和一些象形字組成。乍一看，這套書彷彿是一套系列漫畫，一下子就得到了李艾麗的認可。

　　歲月如梭，李正國開始為女兒製作一套又一套新的「漫畫書」，這些新漫畫書裡的文字內容慢慢增多，並著重突顯了如何將文字轉換成圖畫的過程。李艾麗一直都在李正國繪製的新的「漫畫書」裡愉快成長，而且這些「漫畫書」裡所承載的內容早就遠遠超出了幼兒啟蒙的範圍，李艾麗在不知不覺中擁有了雄厚的知識儲備，但這還不是整個啟蒙計畫的最終結果。對李正國

來講，他最希望的是李艾麗可以透過這次特殊的啟蒙教育，從中學會、掌握快速記憶知識的方法 —— 繪圖記憶法。

等到李艾麗六歲的時候，李正國就主動結束了他所主導的啟蒙教育，他將李艾麗送進了學校學習。一開始，學校裡的老師還擔心這個沒有接受過「幼兒教育」的小女孩難以跟上學習進度，但他們馬上就驚訝地發現，李艾麗是整個班級裡學習速度最快、學習品質最佳的優秀學生。李艾麗也發現教科書上所講的內容都是她曾經學過的知識，而這些知識，在她的腦海裡都有一幅對應的簡筆圖畫。

李艾麗將發現的問題告訴李正國，李正國便開始主動引導她如何用自己的思維來繪製與知識對應的簡筆畫。幾年之後，李艾麗以全校第一名的優異成績考上了一中，並在一中舉辦的首次能力測驗裡取得了「年級第一名」的最佳成績。李艾麗的學習成果讓李正國非常開心，他為有這樣優秀的女兒感到驕傲。

繪圖記憶法就是思維主體將需要記憶的文字或資料繪製成通俗易懂的簡筆畫來幫助記憶的一種方法。其實，這種記憶法在教科書上也多有應用，比如一些常見的生態循環圖、大氣循環圖、金字塔型圖、上下從屬關係圖等。只不過這種常規性的圖表是缺少特性的，再加上這些圖表不是由學習者自行繪製的，所以記憶的效果不是特別明顯。

在使用繪圖記憶法的時候，首先要記住三個要素：第一，繪製的影像必須精簡易懂；第二，繪製的影像必須誇張形象；

　　第三，繪製的影像必須生動有趣。在滿足這三個要素之後，思維主體就可以將所需記憶的資料轉換成具體的簡筆畫，然後按照記憶資料的順序，將這些簡筆畫整理、排列成一連串容易被大腦記住的畫面。

　　比如要求思維主體在最短的時間內記住：成就、付出、學習、寬容、平常、樂觀、自律、感恩這八種人生心態。思維主體就可以先繪製一個九宮格，中心格子裡放一個指標，指標指向放著第一種人生心態「成就」的格子，然後按順時針的順序將其他幾種人生心態依次放在其他格子內，最後將這些人生心態轉換成生動、形象的簡筆畫，這樣就可以達成快速記憶的目的了。

　　在記憶古代詩詞的時候，使用繪圖記憶法是一個非常好的選擇。古人所寫的詩詞中，大都是有感而發、觸景生情所得，所以詩詞中往往含有大量描寫景物、人物的詞句，所謂「詩中有畫，畫中有詩」，也就是這個道理了。可以說，這些詞句中所描述的景物、事物就是最佳的簡筆畫素材，只要我們在背誦詩詞的時候在腦海裡將這些出現在詩句中的景物、事物一一排列演化出來，那就可以輕鬆地回憶起整首詩歌的內容，做到「出口成詩」了。

　　例如在唐朝詩人杜甫所寫的〈絕句〉中就先後描寫了：「黃鸝、翠柳、白鷺、青天、西嶺、千秋雪、萬里船」等七種景物，在背誦這首絕句的時候，思維主體就可以將這些景物像放映電

影一樣在腦海中演一遍，自然而然就可以達到輕鬆記憶詩詞的目的了。

再比如，在記憶、背誦〈夜宿山寺〉這首詩的時候，思維主體可以從第一句：「危樓高百尺，手可摘星辰。」選出「高」和「手」兩個字，從第二句：「不敢高聲語，恐驚天上人。」中選出「高」和「人」兩個字，然後分別繪製出一個「高手」和一個「高人」的簡筆畫，馬上就可以將整首詩記下來。

繪圖記憶法在記憶白話文的時候同樣有妙用。比如在記憶一些枯燥乏味的內容時，就可以用該方法進行轉化。比如在記憶如何建立良好人際關係的五大原則（1. 平等待人原則；2. 誠實守信原則；3. 寬容謙遜原則；4. 尊重理解原則；5. 互助互利原則）時，可以這樣做：

在記憶的時候，首先可以將平等畫成一個簡筆天平圖，在天平左側的秤盤上畫上一個信封，用信封代表誠實守信原則，在右側的秤盤上畫上一個簡筆「寬」字，以此來代表寬容謙遜原則，在天平左側的秤桿上畫上兩個小人相互彎腰鞠躬的簡筆畫，以代表尊重理解的原則，在天平右側的秤桿上畫上兩個小人相互幫扶的簡筆畫，以代表互助互利原則。如此，「如何建立良好人際關係的五大原則」的簡筆圖就畫好了。

透過上面的例子，相信大家一定都能夠清楚地了解「繪畫記憶法」的魅力，如果思維主體在記憶的過程中可以透過自己的想像自行繪製與學習內容相對應的簡筆圖畫，那麼記憶的效果就

要比觀看他人繪製的簡筆畫要好很多。此外，在作畫的時候，一定要緊緊圍繞「簡」字來繪製，只要所做的簡筆畫自己能夠理解即可。這樣就能在最短的時間內記憶大量資料，達到快速記憶的目的。

第二節　比較、比喻記憶

「比較、比喻記憶法」中的「比較」和「比喻」都是借用修辭手法中的「比較」、「比喻」手法來對記憶內容進行分類、整理的，但它們又是兩種不同的記憶方法。其中「比較法」，是在記憶同性質或相似、類似事件的時候使用的，「比較法」的目的是為了透過比較這種方法來找到事物與事物之間的異同，以此來形成反差、鑑別，幫助大腦記憶，達成記憶目的。

例：西元前 594 年，雅典透過梭倫（Solon）的改革擴大了奴隸制度的統治基礎。就在這一年，春秋時期魯國實行了「初稅畝」制度，這象徵著中國奴隸社會土地國有制度開始瓦解。

在使用比較記憶法的時候，可以將新知識與舊知識作比較，也可以拿事實和理論做比較。比如可以將日本的「明治維新」和中國的「戊戌變法」做比較；也可以將英國的資產階級革命與法國的資產階級革命做比較。

「比喻」記憶法的目的是將抽象的記憶內容轉換成具體、形象的事物，以此來迎合右腦的記憶模式，達到提升記憶效率的目的。科學研究顯示：比喻和記憶密切相關，新穎有趣的比喻可以輕易地融入人腦固有的知識結構中。這就像是一篇好的文章一樣，文章內會有很多生動形象的比喻，這樣就可以使文章的內容變得新鮮有趣，以此為讀者留下深刻印象。

　　「比喻」記憶法的第一種應用是將「未知」轉變為「已知」。在現實生活中，有很多事物和自然現象都是人們難以想像的，所以常常會增加人們記憶和理解的難度。如果在學習這些知識的時候，可以透過比喻的手法將這些自然現象靈活地表達出來，讓人們將未知的事物與已知的知識連繫起來，自然就可以做到輕鬆理解、掌握了。

　　例：在一本關於地震的書籍中，作者就曾將雞蛋的蛋殼比喻為地球的地殼，雞蛋的蛋白比喻為地球的地幔，雞蛋的蛋黃比喻為地球的地核。這樣一番比喻下來，地球內部的構造自然就一目了然、清清楚楚地呈現在人們的眼前，記憶、理解也就變得容易起來。

　　「比喻」記憶法的第二種應用方法就是將「平淡」變為「生動」。這種方法主要是將平鋪直敘、平淡無味的白話、「流水」一樣的文章變成有色彩的、生動具體的「事物」，就像是在人們的眼前展開了一幅生動的圖畫一樣，以此來達到提升記憶效果的目的。

　　例：比如大詩人白居易在〈琵琶行〉裡面這樣描寫琵琶的聲音：「大弦嘈嘈如急雨，小弦切切如私語，嘈嘈切切錯雜彈，大珠小珠落玉盤。」這樣一番比喻、描寫，使得讀者彷彿是在親身傾聽一般，記憶的效果自然也就很好了。再比如朱自清在〈春〉裡面也用了很多擬人化的描寫手法。像「春天的腳步近了」，「太陽的臉紅了起來」，「小草偷偷地從土裡鑽了出來，嫩嫩的，綠綠的」等等。

第三節　記憶宮殿

在遙遠的古希臘，曾流傳著這樣一個故事。故事的主角叫西蒙尼德斯（Semonides of Amorgos），他是古希臘的一位著名抒情詩人。有一次，西蒙尼德斯獨自遊歷到古希臘的塞薩利，他被這裡美麗的風景深深地吸引住了，於是便決定在塞薩利定居。定居塞薩利之後，西蒙尼德斯經常四處遊覽，他一邊創作詩歌一邊幫助那些需要幫助的窮苦人。很快，西蒙尼德斯就獲得了當地人的認可，人們都喜歡聽他吟詠詩歌，並且以聽到他的詩歌為榮。

有一次，一位叫斯科帕斯的塞薩利貴族準備舉辦一次大型生日宴會，在這次宴會中，斯科帕斯邀請了很多身分尊貴的客人，其中就有西蒙尼德斯。身為宴會的主人，斯科帕斯要求西蒙尼德斯在宴會中為他吟詠兩首詩歌，用來為這次宴會助興。西蒙尼德斯同意在宴會中吟詠詩歌，只不過由他所詠的這兩首詩歌裡並沒有太多誇讚斯科帕斯的內容，反而對卡斯托（Castor）和波路克斯（Pollux）這對雙子座天神大加讚美。

西蒙尼德斯的行為讓斯科帕斯十分不滿，他決定將準備給予西蒙尼德斯的獎金扣除一半，而且還略帶嘲諷地對西蒙尼德斯說：「既然你如此誇耀那一對孿生兄弟，那剩下的一半獎金就應該去找他們討要。」斯科帕斯的話音剛落，一位僕人走進了宴

133

會大廳，僕人來到西蒙尼德斯身邊，悄聲告訴他大廳外有兩名
年輕人要見他。

西蒙尼德斯隨即就起身離開了宴會大廳，但等他來到大廳
外的時候，那兩名年輕人已經消失不見了。就在西蒙尼德斯一
頭霧水的時候，從他身後突然傳來了一聲巨響，他急忙回頭檢
視，發現整個宴會廳的屋頂一下子垮了下來，宴會廳裡面的客
人甚至連慘叫都沒來得及發出，就被活生生地埋在了地下。所
有參加宴會的人，只有西蒙尼德斯一人倖免於難。

救援行動馬上就展開了，但遇難者的屍體都遭到了非常大
的破壞，沒有人能夠透過這些血肉模糊的屍體辨認出他到底是
誰，就算是死者的親屬也做不到。這時候，西蒙尼德斯站了出
來，他帶領遇難者的親屬從廢墟中穿過，幫他們分辨遇難者的
真實身分。原來，西蒙尼德斯在宴會開始後就已經將整個宴會
廳裡的情況記了下來，他清楚地知道這些人生前待在哪裡，正
是根據這些遇難者參加宴會時所站的位置，西蒙尼德斯才順利
確定了遇難者的身分。

等到一切塵埃落定，西蒙尼德斯的事蹟就在各地迅速流傳
開來，他的這種記憶能力和記憶方法成了世人眼中的奇蹟。很
多人都找到西蒙尼德斯，想要從他這裡學到增強記憶的方法。
西蒙尼德斯大方地將記憶方法公之於眾，使得該方法迅速在古
歐洲社會流傳開來，成了古歐洲人在記憶過程中的首要選擇。

在這個故事中，大詩人西蒙尼德斯所使用的記憶方法就是

「記憶宮殿法」，也有「西蒙尼德斯記憶術」和「位置記憶法」的稱謂。義大利傳教士利瑪竇（Matteo Ricci）還用這種方法來記憶漢字、典籍，研究中國文學經義。「記憶宮殿法」流行於印刷術尚未出現之前，是古歐洲最重要的記憶方法。世界級記憶大師多明尼克・歐布萊恩（Dominic O'Brien）就是憑藉這種記憶方法成功記住了 54 張桌子上的 2,808 張撲克牌的順序，並由此一舉成名。

科學研究發現：人們善於記住被我們所熟悉的場所。記憶宮殿法就是利用這一現象，將所需記憶的資料放在被思維主體所熟悉的場所內，將兩者相互連結。這樣一來，這種被思維主體所熟悉的場所也就成了儲存或調取資訊的倉庫，只要思維主體找到這個倉庫，就可以輕易地得到被存放在裡面的記憶。

事實上，「記憶宮殿」就是暗喻那些被思維主體所熟知的場所，這些場所都是思維主體最熟悉且易於回想起來的地方。它可能是你的辦公室，也可能是你的書房或者是你上班時所走的路線。使用「記憶宮殿法」一定要遵循五個步驟，第一步就是選擇思維主體所熟知的「記憶宮殿」。在進行選擇的時候，我們一定要確認自身是可以輕易地回想起所選場所的，並應該擁有在該場所中「漫步」的能力。

思維主體對所選擇的「記憶宮殿」越熟悉，能夠回想起來的細節越鮮明，記憶的效果就越佳。思維主體可以選擇一條具有鮮明特點的路線來充當「記憶宮殿」。這條路線可以是你按著

特定步驟在家中瀏覽的路線，也可以是你所選的一條熟悉的道路。比如：在公園慢跑或前往公司、學校等等的路線，只要你足夠熟悉這條路線即可。

選好「記憶宮殿」之後，思維主體就可以進行第二步，這一步主要是在選好的「記憶宮殿」中找出具有明顯特徵的事物。比如，思維主體選擇的「記憶宮殿」是自己的家，那大門就可以作為第一個引起注意的標的物。

進門之後，即可按照事先選好的路線在「記憶宮殿」內按步驟「漫步」，並在「漫步」的同時選擇下一個標的物，比如開啟的第一個房間，或按照從左至右的順序依次瀏覽，選擇瀏覽過程中看到的物品作為標的物。思維主體要將這些標的物按照發現順序一一記錄在腦海中，它們即將成為一個又一個「記憶空間」，即用來儲存記憶資料的倉庫。

選好標的物之後，思維主體就要進行第三步，反覆地記憶「記憶宮殿」內的每一個標的物，務必要將「記憶宮殿」內的所有標的物牢牢記在腦中。只要思維主體的空間想像能力較強，就很容易做到這一點。

如果思維主體在空間想像方面有所欠缺，那就可以透過將標的物的名字寫在紙上，在腦海中仔細觀察這些被你選中的標的物，從多個角度來發掘這些標的物的特徵，反覆地對這些標的物進行記憶，直到這些標的物的排列順序及特徵被思維主體牢牢記在腦中為止。

在將「記憶宮殿」內的標的物全部記熟之後，思維主體成了這個宮殿名副其實的主人，即可進行第四步。這一步其實就是藉助大腦的聯想，在腦海中選擇一種已知的影像或事物（大腦熟記的特殊物）與思維主體需要記憶的對象連結起來。

比如，思維主體所選擇的第一個標的物是神殿，而他需要記憶的第一個內容是《駱駝祥子》，那他就可以這樣進行聯結：思維主體在宙斯神殿內看到了許多駱駝，而這些駱駝的主人叫祥子。

在進行聯結想像的時候，思維主體可以大膽地、瘋狂地、超出常理地進行想像，這樣想像的目的就是為了使標的物與記憶對象連結的結果可以在大腦中留下深刻的印象，達到增強記憶力的目的。現在，按照思維主體事先設定的路線，將第二個標的物與下一個需要記憶的資訊連結起來，按照這個順序，一步一步進行，直到將所有需要記憶的資訊全部連結完成。

等到將所有的資訊連結完成之後，思維主體就可以進行最後一步，反覆地將已經連結好的資訊在腦海中進行演練。在演練的過程中，思維主體可以從相同的起點遵循同樣的路線開始複習，當思維主體每看到一個標的物就能馬上想起與之相連結的記憶對象之後，就可以停止演練。

重複演練結束後，思維主體還可以從第一個標的物開始，按事先設定的路線順序進行複習。等到複習完成之後，思維主體還可以嘗試從行程的末尾反向出發進行逆推演練，直到走到行程的起始點為止。這樣一來，記憶的資訊就會變得非常牢固。

第四節　定錨法

　　在公園的休閒區，一群叔叔阿姨正圍著一個粉嫩嫩的小女孩說話，人群中還不時地傳出一陣大笑，可見這個小女孩是多麼的討人喜歡。這個小女孩的名字叫小璃，等她過了4歲生日，就要去幼稚園上學了，起初她是百般不情願，不管父母怎麼勸說，都不想去那個陌生的地方，開始屬於人生另一階段的新生活。可是，等到她去過一次之後，小璃就逐漸喜歡上了上學這件事情。

　　現如今，小璃每天都會準時起床上學，上學也成了她喜歡做的事情。小璃熱衷於將她在學校裡學到的知識，看到的或參與的「趣事」記下來，等到放學回家之後將她記下來的這些東西講給父母聽。對年幼的小璃來講，這個過程是非常有成就感的，這段時光也是她一天中最快樂的時刻。

　　這一天，小璃蹦蹦跳跳地從校車上跑了下來，她要趕緊將自己在學校裡學到的新知識告訴媽媽，不然再晚一點，這些知識很可能就會被她忘掉，那樣的話就糟糕了。對小璃的母親來講，她最近又多了一份任務 —— 聽女兒「上課」。事實上，她是很樂意聽女兒為她「上課」的，儘管她不曾對女兒講述的知識感興趣。

　　凡事都有例外，媽媽最終還是被小璃口中的知識勾起了興

趣。就像這一次，小璃告訴媽媽，她從老師那裡學到了一套「身體器官定錨記憶法」，這套記憶方法可以讓她快速記憶 12 個英文單字。

小璃的話讓媽媽感到十分震驚，女兒在「學英文」這方面似乎一直有著很大的困難，自己也曾花了很大功夫教她學習英文，但都沒有取得好的效果。現在女兒竟然能夠透過特殊的記憶方法一下子記住 12 個英文單字，這讓她迫切地想要得知整件事情的始末。

從女兒口中，她意識到正是「身體器官定錨記憶法」發揮了作用，這個方法是女兒成功記憶英文單字的關鍵原因。她馬上開始查詢與該記憶方法有關的資料，她希望自己也可以掌握這種記憶方法，以便於在今後的日子裡可以自行教學，使女兒有機會在學習道路上避開她所必須面對的難題。

根據女兒口中所講到的記憶方法，她果然查到了一套系統的記憶法，而「身體器官定錨記憶法」只能算是這套記憶法中的一個小分支，只有在記憶數量較少的知識時，才會被思維主體所採用。透過日常實踐，李幽清最終確定了該記憶法的效用，她相信透過這種記憶方法是完全可以大幅度提升女兒的記憶能力的。

後來，小璃慢慢學會了這種記憶方法，她可以自主地將這種記憶方法應用到所有需要她記憶的事物上，也正是憑藉著這種記憶方法，小璃在無形中大大降低了學習過程中所產生的壓

力，使她可以輕裝前行，前往更遙遠的知識彼岸。

定錨法是將一些具備規則性的事物引申出來，定義為記憶中可供使用的「鉤子」，在進行記憶的時候只要主動將需要記憶的內容與鉤子建立連線，那麼在使用該記憶的時候，只需找到與該內容連線的鉤子，即可立即回憶起記憶內容的方法。

這種記憶方法就像是在電腦中分門別類建立的功用不同的資料夾一樣，在進行記憶的時候，這些「記憶資料夾」可以快速儲存與之對應的記憶資料，在需要使用某項記憶資料的時候，思維主體只需找到與之對應的「記憶資料夾」（也就是鉤子），即可完成記憶提取。

定錨記憶法的種類非常多，但不論如何，思維主體所選擇的「鉤子」都必須滿足兩個條件：

第一，「鉤子」一定是思維主體所熟悉的、牢記於心的內容；第二，「鉤子」一定要具備規則性，可以對其進行清晰的排序。

只要滿足了這兩個條件，定椿記憶法就可以得到非常廣泛、靈活的應用，且取得的記憶效果不輸於任何一種記憶方法。

第一種常見的定錨法就是「身體」法，這種記憶方法是借用人體上不同的部位作為記憶中的「鉤子」，將需要記憶的資料與不同的身體部位相對應、相結合，從而達到幫助記憶的目的。一般情況下，這種記憶方法會從人體上選擇 10 ～ 12 個部位作為「鉤子」，思維主體可以根據自己對身體不同部位的熟悉程度來進行選擇。

比如說假設思維主體要透過「身體」法來記憶 12 星座。思維主體選擇「頭髮、眼睛、鼻子、耳朵、嘴巴、脖子、手臂、手指、大腿、小腿、腳掌、腳趾」這 12 個身體部位作為記憶中的「鉤子」，那思維主體就應該先將這些身體部位按順序製成一個定錨表，每一個身體器官就是一個錨（鉤子）。

在記憶的時候將第一個錨與第一個星座勾住，比如：

1. 頭髮 —— 牡羊座，並且需要在勾住兩者的時候展開聯想。比如：可以假想自己的頭髮上拴著一隻巨大的綿羊或有一頭白色的綿羊坐在頭髮上。

2. 眼睛 —— 金牛座，在連線這兩者的時候，可以想像自己的眼中住著一頭巨大的金牛或者想像一頭金色的牛在你的眼前跳舞。

3. 鼻子 —— 雙子座，在勾結兩者的時候可以想像自己的兩個鼻孔分別被兩個雙胞胎霸占，他們兩人經常透過穿鼻孔的方式打鬧。

4. 耳朵 —— 巨蟹座，在勾結這兩者的時候，可以想像自己的耳朵被一隻巨大的螃蟹用蟹鉗夾住了，而且夾得很痛。按照這種方法，以事先設定好的定錨表的順序將需要記憶的 12 星座一一勾住，即可完成記憶任務。

第二種常見的定錨法是「字母」法。這種定錨法是將常見的 26 個英文字母按照字母排列的順序製成表格。在使用這種錨的

時候，首先要將字母轉換成與之有關聯的具體事物。比如字母「a」，就可以轉換成「apple」（蘋果）這一英文單字，將「b」轉換成「boy」（男孩）這一英文單字，將「c」轉換成「cat」（貓）這一英文單字……

在對這 26 個英文字母進行轉換的過程中，思維主體也可以充分發揮自己的想像力，只要轉換結果能夠做到牢固、清晰，那就可以作為記憶中的「鉤子」。

假設思維主體要透過「字母」法來記憶世界高峰排名，就可以先將字母按順序與世界高峰連線在一起。例：a —— 第一高峰，聖母峰；b —— 第二高峰，喬戈里峰；c —— 第三高峰，干城章嘉峰；d —— 第四高峰，洛子峰；e —— 第五高峰，馬卡魯峰；f —— 第六高峰，卓奧友峰；g —— 第七高峰，道拉吉里峰；h —— 第八高峰，瑪納斯魯峰；i —— 第九高峰，南迦帕爾巴特峰；j —— 第十高峰，安納布爾納峰……等等。

連線完成之後，就要將「a」的轉換物「apple」（蘋果）與第一高峰聖母峰相連線。比如說在聖母峰可以連線天際的峰頂上，有一個巨大的、紅通通的蘋果，這個蘋果的味道非常棒。

然後將「b」的轉換物「boy」（男孩）與第二高等喬戈里峰連線在一起。比如說有一個叫喬戈里峰的男孩，養了一隻蜜蜂做自己的寵物，那隻蜜蜂和狗一樣大。

將「c」的轉換物「cat」（貓）則與第三高峰干城章嘉峰連線在一起。比如說在干城裡有一隻和老虎一樣大的野貓，人們都

叫它「章嘉峰」。按照這樣的方法依次將「字母」與需要記憶的資料勾結，即可完成記憶任務。

「定錨法」還可以選擇熟悉的人物、熟悉的語句、熟悉的物品作為「錨」。比如熟悉汽車結構的人可以將汽車的各個部件：方向盤、車鑰匙、煞車、車燈開關、車門、車座等部件作為錨，軍事愛好者則可以將不同的槍械部件作為錨，文化愛好者也可以用不同的書籍名稱或文化古蹟作為錨。只要思維主體可以在進行記憶的時候按上面的步驟與記憶內容相互掛勾，就可以達到提升記憶力的目的。

第五節　趣味記憶法

　　張曉嵐一進客廳，就看到了枯坐在沙發上的孫默然，她嘆了口氣，帶著安慰的語氣輕聲說道：「別太操心了，先休息一下，我買了你愛吃的菜。」說完，張曉嵐便自顧自地走進了廚房，她知道孫默然現在最需要的就是獨處。

　　已經三天了，張曉嵐一邊弄飯菜一邊想，再這樣下去老伴的身體一定扛不住，必須要馬上找到解決問題的辦法了。可一想到那件「煩心事」，張曉嵐也感到十分頭痛，有些事情是人改變不了的，有時候她會想，這大概就是「命」吧。

　　吃飯的時候，孫默然依然沒有打算動筷子，他兩眼無神地盯著眼前的飯碗，用低沉嘶啞的聲音問道：「是沒辦法了，為什麼會這樣，這麼不公平嗎？」看著孫默然的樣子，張曉嵐的眼淚一下子就掉了下來，但她還是趕緊出聲安慰道：「一定會有辦法的，你振作點！你要是有什麼意外，我該怎麼辦！」

　　「這份工作不能丟！這是我們最後的希望，我一定會拿到英文證書的。」孫默然突然「咬牙切齒」地說道。眼看著孫默然已經想通了，張曉嵐趕忙勸他多吃些飯菜，只有這樣才能有力氣去辦事情。午飯後，孫默然就獨自出門了，他四處走著，尋找可以教人英文的補習班。

　　穿過幾條街，眼前密密麻麻的英文補習班讓他眼花撩亂，孫默然不知道到底該怎麼選擇，他從沒想過自己竟然會萌生「主動」學習那曾經讓自己「深惡痛絕」的英文的念頭！但時勢所趨，現在公司裡要求基層主管必須通過公司內部的英文程度測驗，否則他就要面臨被辭退的危險。

　　儘管孫默然只是一個最基層的小主管，手下也只有 10 個員工，但這個要求就像一條「高壓電線」一般橫亙在他的人生路上。孫默然沒有孩子，這麼多年來他一直和老伴相依為命，想說等到退休了，可以拿到退休金，等自己和老伴都不能動的時候，還可以用這筆錢住進養老院，這樣下半生也就算是有所依靠了，所以他一定不能被辭退！

　　孫默然選了幾家看起來很「漂亮」的補習班，諮詢了英文學習方面的問題，但對方給出的答覆並不能讓他感到非常滿意。其實最關鍵的是孫默然自己沒有信心，他不禁感到有些氣餒，但他還是挑了一家價格適中的補習班進行補習，這是他必須要解決的問題。

　　可能是孫默然還算有錢，也可能是他這麼大年紀還「堅持」學英文的決心打動了補習班，補習班裡的金牌講師決定親自教他學英文。在仔細了解了孫默然的英文狀況之後，講師先後試了幾種方法，學習的效果都不是很理想。等到仔細觀察了孫默然的學習過程之後，講師發現他嚴重缺乏學習英文的興趣，很顯然，孫默然是在被逼無奈的情況下才「勉強」開始學習的。

找到了問題的癥結之後，講師就特別對孫默然使用了興趣記憶法。透過這種方法，孫默然的學習興趣果然有了顯著提升，英文學習的進度也迅速加快，僅僅一個月的時間，孫默然的單字量就突破了 4,000 字。憑藉著這樣的基礎，孫默然順通過了公司內的英文程度測試，還因為測試成績優秀被破格提拔成了部門的負責人。憑藉著自身的努力和他人的幫助，孫默然最終改變了自己的命運。

歌德（Goethe）曾經說過這樣一句話：「哪裡沒有興趣，哪裡就沒有記憶。」巴夫洛夫（Pavlov）也曾說過：「當你在工作和研究的時候，必須具備熱烈的感情。」由此可見，興趣對於記憶來講是非常重要的一個因素。

科學研究發現：當一個人在進行記憶的過程中，如果他對記憶內容產生了濃厚的興趣，那麼他的大腦皮質就會進入活躍、高效、興奮的狀態，記憶的過程也就會從被動接受轉變為主動吸收，記憶過程中所產生的壓力還會被因興趣而產生的趣味性所抵消，記憶的效率自然就會獲得大幅提升。

有這樣一個實驗：年幼的孩子可以在上學的時候將道路兩旁的店鋪名稱全部記下來，但幾乎沒有任何成年人可以在上班途中將他們看到的店鋪名稱全部記下來。導致這種結果的原因是：孩子因為年幼，很容易對一些有趣、未知的事情感興趣。店鋪的名字、外觀剛好符合這兩點要求，所以孩子們可以將店名清楚地記下來，而成年人不會用感興趣的眼光去看待這些事

物，因此他們在記憶這方面的內容時，記憶的效率就會變得非常低下。

科學家建議，在記憶任何東西的時候，首先應引起思維主體的興趣、情緒，讓思維主體在開心或感興趣的情況下進行記憶，那麼記憶的效果就會成倍數提升，甚至很多艱深、晦澀的記憶內容都會變得「簡單、容易」起來。

想要在記憶的過程中發揮興趣的作用，首先要使思維主體對正在記憶的內容產生較為穩定的興趣，而且還應該在記憶的過程中保持這種興趣，並主動挖掘隱藏在記憶資料內部的新興趣。通常情況下，深入了解、學習某種知識的時候，都會使思維主體對其產生濃厚的興趣，對需要進行記憶的資料越是了解，就越容易激發思維主體對該資料的興趣。因此，保持興趣的第一要素就是要有「鑽研」的決心。

在滿足第一要素的情況下，思維主體就可以利用一些方法、策略或者手段，來使被記憶的資料「變得」有趣，這也是提升興趣的關鍵性要素。通常情況下，可以在記憶的過程中摻入一些幽默風趣的詞句來增強學習的趣味性，也可以透過知識問答、專題講座、知識競賽的形式來增強學習過程中的趣味性。本書將在這裡介紹一種可以有效增強英文單字學習趣味的辦法。

例：在記憶英文單字 role 的時候，首先可以找到一個和這個單字相近的單字 —— roll，然後再結合這兩個單字的詞義，可以將兩者融入一部電影中來幫助記憶。比如：《我的野蠻女

友》，她這一個 role，就是在地板上 roll。這樣這兩個單字與一個野蠻女友在地板上來回翻滾，撒野耍賴的形象就融合在一起，使得整個形象變得更加生動、有趣，自然也就可以達到增強記憶效果的目的。

再比如在記憶英文單字 ace、place、space 和 face 的時候，可以將這幾個都帶有 ace 的單字融入神話故事《孫悟空大鬧天宮》中來幫助記憶。比如：孫悟空大鬧天宮的確很 ace，如來很生氣將他 place 壓到山底下，孫悟空再也沒有了活動的 space，只能無奈地露出一張猴臉 face。這樣一來，英文單字就隨著活靈活現的孫悟空變得生動有趣起來，記憶的效率自然也會迅速提升。

還可以利用熱播電視劇來增加英文單字學習時的趣味。比如可以將 fellow、follow、pillow 和 yellow 放在《神鵰俠侶》中進行記憶。比如：黃老邪的名字裡有個黃字，這個 fellow 就 follow 性子買了個 pillow，而且也要是 yellow 的。在編造故事的時候，只要思維主體覺得編造的結果非常有趣，那麼編造的目的就達到了。

透過有趣的記憶方法來使思維主體產生學習興趣之後，即可對艱深、晦澀的知識進行突破，只要思維主體利用上述方法，攻破這些知識中的某一處，就可帶動思維主體產生全面的、昂然的興趣。

最後思維主體需要克服的是對其「厭煩」的事物產生興趣。

事實上，很多人之所以厭煩某項事物，是因為他緊緊盯住了這種事物上的某一個點，而這個點就是他所厭煩的，所以想要對本來厭煩的事物產生興趣，就應該全面地、大範圍地去了解這個事物。比如有些同學厭煩英文學習，就可以主動找英文老師談話，從他那裡了解自己沒有發現的英文學習中的有趣之處，從而激發出自身對該事物的學習及記憶興趣。

在使用趣味記憶法的最初階段，思維主體應該透過有意識地控制學習資料的難易程度來使自己保持對學習的興趣。需要記憶的資料太難了，就會使思維主體感到氣餒，這種心態還會讓大腦進入抑制狀態，最終導致記憶失敗。

如果記憶內容過於容易，那麼又會因此產生過度的滿足感，使大腦在記憶過程中就進入鬆弛狀態，注意力自然也就不能集中，學習效果就會變得很差。所以在記憶的過程中，激發學習興趣應該結合思維主體展現有的知識程度，在已有的知識程度下，有目的地規劃合適的學習進度，才能真正利用好「趣味性」的力量。

在現實生活中，思維主體還應該根據自我習慣制定一套適合自己的引導、激發興趣的辦法。例如，馬克思一旦在學習的時候無法集中注意力，不能在學習過程中產生學習興趣，那他就會馬上進行微積分運算，用精密的演算過程使自己進入「感興趣」的狀態。事實上，生活中有很多種可以引發學習興趣的事情，比如練毛筆字，閉目養神、平心靜氣，下棋、泡茶等等。

只要這些方法可以引發思維主體產生興趣，那就可以加以利用。

在課堂教學中，很多有經驗的教師都會在講課之前先行發問，以與課程有關的問題來引導學生們產生學習的興趣。比如：物理老師在講到斜面原理的時候，就可以提出：卡車裝卸貨物時，為什麼要採用擱板下滑的方法？建在山上的公路為什麼要盤旋曲折向上？為什麼有些大橋旁邊需要修建引橋？等等。

學生們很快就會被這些疑問勾起興趣，等到講明知識以後，學生們自然也就茅塞頓開，整個學習過程在興趣的參與下也就變得非常有效率且有品質了。所以家長在對孩子進行啟蒙教育的時候，同樣可以採用這種發問式引導興趣的方法，但一定要在隨後的學習過程中向接受啟蒙的孩子說明問題的答案，否則就不能達到幫助學習、強化記憶的目的。

第六節　變換順序記憶法

　　人人都知道鄭至善和吳之道是一對形影不離的好朋友，但很少有人知道他們認識、結交的經歷。鄭至善和吳之道這兩人本來是沒有過多交集的陌生校友，但他們卻在一次英文模仿秀的預備階段上認識了。那時許多人都認為英文模仿秀是提升英文程度的最佳方法。

　　一間國中就在這樣的大環境下策劃了這次英文模仿秀大賽。在當時，這間位置偏遠的學校很多學子都不認同這種誇張的學習方法，所以這次由校方舉辦的英文模仿秀，在當地引起了一番熱議，參加此次模仿秀的選手自然也成了人們眼中的「活寶」。

　　一年三班的鄭至善和一年六班的吳之道都報名參加了此次模仿秀，這二人都可以稱得上是英文模仿秀的忠實粉絲。為了能夠在這次模仿秀上搶到鋒頭，鄭至善和吳之道經常借用課餘時間跑去學校操場旁邊的小樹林裡反覆練習英文口語。

　　在這個不大的樹林裡，瘋狂大聲背誦英文的只有他們兩個，因此二人很快就得知了另一方的身分。最初，二人只能算是點頭之交。人都有一點私心，誰都希望自己才是賽場上的主角，畢竟同臺是對手嘛。

　　沒過多久，小樹林裡的「英文模仿」就出現了狀況，鄭至善和吳之道相互指責另一方影響到了自己，嚴詞要求另一方退出樹林，另尋他處背誦內容，但二人都不願聽從對方的指揮，不僅沒有離開小樹林，反而故意拉近彼此之間的距離大聲背誦，試圖透過這樣的方法來將另一方趕出樹林。

　　只可惜，二人的脾氣都很倔強，誰也不肯先低頭認輸，自然也沒有人主動退出小樹林。到後來，鄭至善和吳之道都逐漸適應了另一方的「騷擾」，他們兩人每天準時準點地開啟臉對臉「狂吼」模式，這種情況甚至到了另一方不到場己方不出聲的程度。也正因為這樣，兩人還成了校園內的新「景觀」，每天都有大量的「閒人」前來圍觀。

　　有一次，吳之道生病請假，連續幾天，都是鄭至善一個人在樹林內大聲背稿，但他卻發現這幾天背誦的效果遠不及被吳之道干擾的時候，這讓他十分困惑。等到吳之道病好之後，背誦的效果立刻就得到了提升，鄭至善在察覺到異常之後便主動提出了這個問題。吳之道將信將疑地做了幾次試驗，果然也發現了這個問題。

　　最後，兩人透過總結，發現鄭至善的背誦習慣和吳之道的背誦習慣恰好是相反的，又因為兩人背誦的都是主辦方提供的文稿，稿子的內容完全相同，所以才在無形中造成了幫助另一方記憶的作用。

　　鄭至善和吳之道就像是發現了新大陸，他們兩人趕緊將這

種方法應用到其他功課上，果然取得了同樣的效果。這樣幾經折騰，兩人也就慢慢成了親密無間的好朋友，慢慢也就變得形影不離了。

研究證明，在進行記憶的過程中，不斷反覆進行記憶是可以造成增強記憶效果的，但這種記憶模式也會使大腦形成固有的思維定式、記憶模式，所以在適當的情況下可以透過打亂思維定式、記憶模式的方式來提升記憶的效率以及牢固記憶的結果。

科學家認為，在教育體制中，學生們學習的學習資料都是有一定順序的，而老師在教授學生的過程中也會按照由淺及深的步驟來講解這些知識，所以學生們在記憶這些內容的時候一般都是按照這種學習順序進行的，這就會形成固有的學習、記憶模式。因此，在複習學習資料的時候，將記憶的順序打亂，按照思維主體的自我意願將知識重新進行組合，往往能夠造成增強記憶力，強化學習、複習效果的目的。案例中的鄭至善和吳之道記憶的是相同的內容，但兩個人的記憶習慣和順序不同，在面對面背誦的時候，無意中打亂了對方的記憶順序，使彼此的記憶效果都得到了增強。

變換順序記憶法的實際做法就是要思維主體在進行記憶的時候選擇使用一種記憶模式，在記憶結束之後，以複習的形式打亂原有的記憶順序，以自由變換記憶順序的方式來鞏固記憶效果。比如：如果記憶時思維主體是按照時間順序進行記憶，

那麼複習時就應打亂時間順序來進行複習；如果是按照空間順序進行記憶，那麼複習時就應顛覆空間順序來進行複習。

　　例：比如在學習歷史知識的時候，知識的記憶過程都是按照事實的發生順序和老師傳授的順序進行的。而在複習的時候思維主體則不必按照這種固有模式，只需要按照自己的想法，從自身感興趣的歷史階段開始複習即可。

　　變換順序記憶法的目的就是為了打亂固有的記憶模式，使思維主體按照自己所喜歡的順序來複習記憶資料，這樣就可以避免出現大腦疲勞和記憶效果下降的現象，使記憶的結果變得更為扎實、牢固。

　　一般情況下，思維主體按照固有方法進行記憶的時候，都會產生兩個問題：第一，在所有記憶的資料中，資料的首尾部分一般會記得比較牢，但記憶資料的中間部分則往往會出現印象模糊不清、遺忘的狀況。因此在記憶過程結束之後，思維主體應藉助複習階段，透過複習時所採用「變換順序記憶法」，從中間部分開始複習，這樣正好可以克制記憶過程中常常出現的障礙。

　　第二，固化的記憶模式會使大腦的記憶能力持續弱化。假設思維主體是從某段難以讓人產生興趣的內容開始記憶，那就很容易在潛意識中形成畏懼心理，最終使整個學習、記憶過程效果變差而沒有作用。變換順序記憶法就可以改變這種狀況，當思維主體按照自己的意願來進行複習的時候，大腦的積極性

和主動性都會得到提升，記憶的效果自然也會得到提升。

　　從自己感興趣的地方開始複習，就是變換順序記憶法的精髓，這種自行改變學習順序的方法可以使思維主體在複習中獲得自我滿足和學習興趣，使複習的積極性大幅提升。比如：在複習哲學方面的記憶內容時，就可以改變存在論、辯證法、認識論的記憶順序，從中間部分開始複習或者直接逆向複習，而且每部分的複習過程也可以隨著思維主體的意願進行改變，從而使記憶的結果變得更加牢固。

第七節 心智圖記憶法

　　心智圖記憶法可以說是當前世界上非常有影響力的記憶方法。心智圖記憶法的英文名稱是「mind map」，有些書刊也將它翻譯成「心智圖」或「心智繪圖」。自從這種訓練方法出現在大眾視野中之後，便先後被翻譯成了幾十種語言版本，在世界各地都有出版發行，可謂是引領了新時期的記憶潮流。

　　這種強大的記憶方法還被許多大型企業、機構所採用，他們利用這種記憶法的思維模式來管理公司、培訓人才。在東南亞以及澳洲的一些地方，心智圖記憶法甚至已經走進中小學課堂，成了當地教育機關培養學生的必修課程。

　　很多人都只知道「心智圖記憶法」的強大，卻不清楚它到底是怎樣誕生的。事實上，心智圖記憶法是英國著名的心理學家、教育家東尼・伯贊（Tony Buzan）先生於 1974 年研究發明的。當時東尼先生還只是一名在校大學生。在東尼的求學歷程中，同樣會經常遭遇一些難題，精神不佳或者煩躁不安的狀況也時有出現，有的時候他的記憶還會出現紊亂，所以東尼就希望自己能夠找到解決這些問題的方法。

　　在東尼看來，找方法最好的地方就是圖書閱覽室，但他跑遍了城市裡所有的大型圖書館，也沒有發現有哪本書籍是講解大腦利用或記憶潛能開發方面知識的，這讓他很沮喪。後來，

東尼開始學習研究心理學、神經生理學等學科，他希望能夠藉助從這些學科中學到的知識，自行總結開發出利用大腦、提升記憶力的方法。

經過連續多年的研究，東尼在結合了一些偉大思想家的記憶訣竅之後，終於初步總結出了一套可以大大縮短學習時間，提升學習效率的記憶方法。雖然這套方法還欠缺實踐，許多細節也不明確，但他還是憑藉著這種方法讓自己的學習成績有了非常大的進步。

大學畢業後，為了補貼家用，東尼找了一份家教工作，在教學的時候，東尼發現有很多孩子的筆記都記得一塌糊塗。在東尼看來，這些孩子之所以成績不好，完全是因為他們欠缺合適的學習計畫和合理的記憶方法。於是，東尼就將自己所使用的記憶方法教會了這些孩子們，很快他的這種方法就得到了學生們的認同，而東尼也獲得了透過實踐檢驗記憶方法效果的機會。

後來，東尼根據不同學生遇到的問題，不斷地對他的記憶方法進行調整，慢慢地這種記憶方法逐漸更新演化成了「心智圖記憶法」。後來，在一次偶然的機會下，東尼所發明的「心智圖記憶法」被英國教育機關的官員看中，他們透過多次觀察、測試，最終確認了這種記憶方法的可行性。

最後，教育部還為東尼爭取到了一個英國官方電視臺的專訪節目，在這期專訪節目中，東尼需要將他獨創的「心智圖記憶

法」的詳細內容完完整整地展示出來。這期節目播出後，馬上就在英國引發了巨大轟動，東尼也一舉成了英國人民家喻戶曉的「大腦先生」。「心智圖記憶法」也因此名聲大躁，成了世界各地爭相研究、實踐的超級記憶方法。

科學家認為，心智圖記憶法有五大功用：(1)可以使思維主體有條理、有層次、輕鬆快速地整理學習資料。(2)可以讓思維主體迅速釐清錯綜複雜的大腦思路，找到問題的關鍵和要點。(3)可以開啟思維主體的右腦記憶模式，極大地激發記憶、學習及大腦的思維能力。(4)可以使思維主體擁有全面統籌、組織計劃的能力。(5)最大限度地節省學習、工作時間。

在運用「心智圖記憶法」的時候，首先要牢記該記憶法的五大準則：

準則1，要保證中心主題的唯一性和突出性。要牢記，對「心智圖記憶法」而言，中心主題就是心智圖的主體，是整幅導圖的中心，所以一定要首先繪製中心主題。在一般情況下，中心主題應由 3～7 種色彩的筆跡繪製而成，這幅圖就是整個心智圖的核心。繪製的過程中還要使整幅中心主題盡量擁有豐富多樣的色彩，這樣不僅可以避免思維主體在學習的過程中產生視覺疲勞，還可以很好地引發他對學習的興趣。

準則2，要求思維主體在繪製過中心主題後，應牢牢掌握心智圖分支圖的繪製順序和閱讀順序。通常，可以將整張圖看作是一個時鐘，中心主題就是時鐘正中的指標中心，從中心主題

衍生而來的分支應從時鐘 1 ～ 2 點鐘的方向出現，然後按照順時針的方向依次畫上所有分支。閱讀順序與繪製順序相符。

　　準則 3，要求思維主體在使用繪圖曲線的時候，一定要按照先粗線後細線的順序繪製。心智圖中所使用的線條大部分都是平滑的曲線（特別強調，曲線切忌不可有毛邊和「亂彎」現象，上下級分支也應全部用曲線進行聯結），這和大腦的構造有關，曲線更符合大腦的思維模式，而由粗到細的準則就可以突出整個心智圖中的中心主題和分支之間的主次關係，這樣更符合大腦由遠及近的聯想本能，在進行記憶的時候自然也就容易被大腦所接受。

　　準則 4，要求思維主體善於運用影像。這裡的影像並不是指複雜的影像，思維主體只需能夠畫出三角形、方形、圓形這三種基本影像即可。運用影像就是要求思維主體充分發揮自身的想像力，將這三種影像構築、組建成一幅幅簡筆畫、特有的或共同的程式碼。將這些繪製的內容和學習資料緊密連結，就可以達到刺激大腦、提醒大腦注意的目的，使大腦透過這些圖畫聯想到關鍵資訊，達成記憶目的。

　　準則 5，要求每一條連結曲線上只能有一個關鍵詞出現。中心主題就像是大樹的主幹，而按順時針發散出去的分支就像是大樹的主枝，這些關鍵詞代表的就是各級主枝的含義。在整幅心智圖中，每一個枝杈都可能會不斷地延伸出更多與自己相關、相連的次級枝杈。所以，為了使整幅心智圖變得一目了

然、清楚明白，代表每個分支的關鍵詞都必須只有一個，並且要寫在承擔連結作用的曲線上面。

　　弄懂了五大準則之後，思維主體就可以在遵循五大準則的要求下開始繪製心智圖了。首先，思維主體應該先讓大腦做好繪圖的準備，充分啟用起大腦的所有感官能力和想像力，將大腦的資源集中利用起來。然後準備一張 A4 或 A3 紙（一般情況下使用 A4 紙，這是最佳選擇），並且要保證這張紙是乾淨、無皺褶、空白的。

　　準備好紙張之後，思維主體應準備鉛筆 1 支，顏色不同的彩色筆 12 支。在繪製心智圖的時候，應先用鉛筆進行繪製，以防直接使用彩色筆導致錯誤無法塗改的現象出現。思維主體還要準備紅色、藍色、黑色、綠色等四種不同顏色的中性筆各一支，這四支筆是用來在各個分支曲線上寫關鍵詞的。

　　做好準備之後，思維主體就可以繪製主圖，也就是中心主題了。首先要將主圖繪製在紙張的正中心，然後不論記憶資料的中心是什麼，都必須將中心內容轉換成影像，讓主圖以影像的形式出現。如果思維主體擔心自己的繪圖能力太差，而資料又是抽象文字的話，思維主體還可以先在紙上寫上主題，然後再在主題周圍加上一些簡單的形狀，這些形狀可以盡量誇張一些，影像對大腦的視覺衝擊越強，記憶的效果就會越好。

　　例：假設我們的中心主題是一顆太陽，我們就可以在中心畫一個圓圈，然後在圓圈的周圍用曲線畫上一些彎曲的放射狀

光線，畫好之後替影像塗上顏色就可以了。畫完中心圖之後，接下來要畫的就是主枝，思維主體可以將第一批出現的主枝內容稱為「第一分支」，而連結主枝和中心圖的曲線上所寫的關鍵詞就是「第一級關鍵詞」，而這一批所使用的連結曲線是整幅心智圖中最粗的曲線。

　　例：假設第一批主枝由四個元素組成，它們分別是熱量、月亮、幼童、植物。現在就可以從中心圖 1 ～ 2 點鐘的位置開始畫第一條曲線，並在曲線上寫上熱量這一關鍵詞，然後按照順時針的順序在中心圖周圍依次畫上其他三條曲線，並在曲線上寫上與其相對應的關鍵詞。

　　畫完主枝之後，就要在主枝後面畫上次級枝幹，也就是將「一級分支」向下擴展開來，形成「二級分支」。比如我們先從「太陽」的第一主枝「熱量」展開聯想：「熱量」從人物方面可以這樣聯想 —— 是什麼人能讓你感到熱量？可以是偉大的人物也可以是偉大的母親，而事物方面則可以聯想到火堆或者熱水等。

　　現在就可以在「一級分支」後畫上 4 條稍微細一些的曲線，曲線上分別寫上偉人、母親、火堆以及熱水。「二級分支」即繪製完畢。剩下的其他「二級分支」就應按照順時針的順序依次在各自的「一級分支」後進行繪製，「二級分支」繪製完畢之後，即可再次繪製「三級分支」，如此作為一個循環，直到將需要記憶的知識全部繪製完成為止。

　　等到所有的分支繪製完成之後，就可以將代表分支含義的

插圖繪製到關鍵詞後面了。這是整幅心智圖中極為重要的一環，如果缺少這一步，整個心智圖就缺少提醒大腦注意的資訊了，記憶的效果自然大打折扣。思維主體在繪製關鍵詞的插圖時，還可以充分發揮自己的想像力，根據自己的判斷和想法自由自在地繪製出能夠代表關鍵詞意思的插圖。在繪製的過程中一定要相信自己的大腦，這樣繪製出的插圖也一定可以代表關鍵詞的真實含義。

例：比如第一主枝「熱量」，就可以用一個標著 300 度高溫的溫度計來代表，第二主枝「月亮」則可以直接畫一個彎彎的月牙，第三主枝「幼童」則可以畫上一個小人偶，第四主枝「植物」，又可以畫成一株大樹或一株小草。按照同樣的思路將「第二分支」的關鍵詞全部轉化成相對應的插圖，即可完成這一環節。

全部完成轉換之後，整套心智圖也就繪製完畢了，相對於一些枯燥乏味的學習內容來講，思維主體將資料由乾巴巴的文字轉換成有趣的插圖，每幅插圖之間的連繫又十分清楚，整個學習資料的主次、從屬關係也十分明朗，轉換過程也會為大腦留下深刻的印象，這樣記憶的效率自然遠遠超過了死記硬背，再加上記憶內容從原本需要記憶的大量文字轉變為一張由思維主體親手繪製的心智圖，極大地減輕了大腦需要承受的記憶壓力，記憶的效率自然會成倍提升。

第八節　精細回憶記憶法

　　小馮與大陳是多年的老搭檔了，他們兩人是小鎮上的水電工，負責整個小鎮每家每戶的用電問題。有意思的是，這二人一直都沒有結婚，兩人一起結伴過日子。起初，小鎮上的日子很難過，窮苦的時候自然也就沒人說什麼，但隨著日子好過一點了，就有人開始想要替他們介紹對象了，畢竟他們兩個都是有穩定收入的人。

　　眼看著馮陳二人馬上就要到退休的年齡了，也沒有人想再幫他們介紹對象了。其實，馮陳二人根本就沒有結婚的想法，即便是真的結了婚，他們也擠不出多餘的錢來養家。沒人知道兩人的賺的錢都花到哪去了。對於這個問題，馮陳二人一直三緘其口，它就像是一個謎，一直都讓人摸不著頭緒。

　　由於小鎮位置偏僻，也就一直沒有新的水電工到此執業，馮陳兩人只能繼續工作下去。可惜兩人的年紀都不小了，不僅身體有些不靈活，就連腦子也變得遲鈍起來。自從有次小馮差點觸電殉職之後，他就變得嘮叨起來，小鎮上的人經常會看到小馮鬼鬼祟祟地拉著大陳窸窸窣窣地說上一大堆話，而且是每天時間一到就不間斷地重複，這讓鎮民們都以為他可能是嚇傻了！

　　只有大陳清楚地知道小馮嘮叨的是什麼，他心裡有一股說

不出的滋味。沒有人知道他和小馮一直都在資助幾名貧困學生，這批學生不多不少剛好七個。賺來的錢還能花到哪去？只是兩人都不願向他人提起罷了。小馮還根據這七個孩子的大小為他們排序，年紀最大的叫老大，年紀最小的叫小七，這幾天他天天嘮叨的也就是這些孩子的名字。大陳知道，他這是交代自己一定不要忘了定期轉帳給孩子們！

大陳慢慢地開始一點一點地回憶他和小馮偷偷資助這七個孩子的時光，他要將這些被他用生命灌溉的「日子」再讀上一遍，那是多麼艱辛又難忘的日子啊！小馮還是病倒了，這是那次驚嚇帶來的後遺症，他已經有點神志不清了，小鎮上唯一的醫生也悄悄囑咐大陳盡快安排後事，在缺乏醫療資源的小鎮上，小馮是「拖不了」多長時間的。

小馮走得比想像中更急，現在，繼續執行「任務」的人就只剩大陳一個人了。大陳獨自在黑夜中沉思，他開始回憶自己與小馮結識的經歷，又想起他們兩人一起到孤兒院當義工時的情形。也就是在那天，他們兩人堅定了要將這家孤兒院裡的 7 個孩子送到學校上學的決心！到現在，他還清楚地記得這 7 個孩子模樣，他知足了。

時光匆匆，十多年過去了，大陳也老了，他現在也開始糊塗了，每日他都需要在鎮上好心人的幫助下，才能吃上兩口熱騰騰的飯，但他依然沒有忘記去領退休金，還定期去銀行。鎮子上的人都說這「老傢伙」是在裝糊塗呢！

一年後，鎮上突然來了 7 個年輕人，他們四處打聽兩位老人的消息，等看到坐在路旁晒太陽的大陳時，7 個年輕人一擁而上。大陳睜開渾濁的雙眼，看著孩子們的臉笑著說道：老大、老二……小七！

故事中，大陳在回憶資助孤兒院孩子的往事時，不自覺地採用了「精細回憶記憶法」。科學研究發現，隨著年歲的成長，人的記憶力和腦功能都會出現不同程度的衰弱，如果人在日常生活中不能夠對已經發生過的事情進行回憶，記在腦中的資訊也會變得模糊，甚至是出現遺忘、痴呆現象。因此，經常對生活展開回憶，並且在回憶的過程中盡量做到精準、細緻，記憶的內容不但會變得非常牢固，而且還能產生鍛鍊、提升記憶力的作用。

精細回憶記憶法的目的就是透過主動、精細、準確的回憶過程來對已經記憶過的內容進行加強，對大腦的記憶能力進行鍛鍊。在日常生活中，可以應用的方法非常多。思維主體第一次使用精細回憶記憶法的時候，可以先從自己所熟悉的記憶內容開始回憶。

比如，思維主體可以先對自己居住的臥室進行回憶，或者選一個自己熟悉的房間，可以是臥室、客廳、書房。在回憶的過程中盡量記起房間內的每一個細節，仔細想一想房間裡都有哪些物品，門窗是朝南的還是朝北的，牆上的裝飾、櫃子裡的衣物、書桌上的物品等細節也要進行回憶，如果可以回憶起家

具上的花紋、門窗上的海報，甚至地板上的紋路，那就最好不過了。

回憶結束之後，可以立刻回到房間內仔細檢查自己在回憶的過程中是否有記錯的地方或者遺漏的現象出現，如果有，應及時更正記憶內容。思維主體還可以對自己的日常生活進行回憶，比如回憶行程。想一想自己一個小時前在做什麼？和誰在一起？有什麼事情發生？結果如何？看到了什麼或者聽到了什麼？自己又有什麼感想？等等。

如果思維主體剛剛觀看了一部電影，也可以馬上對電影裡的故事情節展開回憶，想一想電影中出現的人物都有哪些？他們的處事方法是怎樣的？有沒有一些自己特別感興趣的對話？對電影中宣傳的理念是否認同？某個人物在遇到問題時都做出怎樣的表情或反應？整部電影中出現次數最少的人物是誰？只說過一句臺詞的人物又是誰？

假設思維主體的娛樂活動比較少，平時也不怎麼願意外出，那他也可以對自己的童年生活展開回憶，想一想自己兒時最喜歡吃的食物是什麼，最喜歡和誰一起玩耍，玩的遊戲叫什麼，怎麼玩，是否和某個夥伴約定過什麼，是否記得小夥伴的長相等等。

再比如，思維主體是一名學生，那他就可以在課下回憶課堂上老師講了哪些知識？老師有沒有在課堂上提問，都點名了誰，誰回答的答案讓老師最滿意，他劃了多少重點，黑板上都

寫了那些內容，老師出了幾道習題，指定了哪些課堂作業等等。

　　精細回憶記憶法的精髓就在「精細」二字，思維主體在進行回憶的過程中，回憶的內容越精細，記憶的增長幅度就越高，記憶內容也就會變得越牢固，越不易被遺忘。長時間堅持對有益的、重要的記憶對象進行回憶，可以使這些記憶對象不受時間變化的影響，不受大腦衰退的干擾，牢固、深刻地留在記憶殿堂之中。故事中的大陳正是憑藉精細回憶，在多年之後仍然可以認出自己資助的對象。

第六章

穩步提升記憶力的祕訣

第一節　限時強記法

　　清朝著名作家梁章鉅是一個交遊廣闊的人，他不但熱衷於交朋友，而且還特別喜歡和朋友談論一些口耳相傳的奇人異事，並把這些傳奇的故事當成自己創作的泉源，記載在自己的散文詩篇中，以供後人解讀、借鑑。在當時，社會上的消息傳遞緩慢，很多真實的奇人異事都隨著歷史消散了。可以說，古人的文學作品就是探尋那個時代的線索，在梁章鉅的一篇文章中就記載了一種特殊的記憶方法 —— 強記法。

　　這篇文章描述的是一個著名的經學大家張稷若口述的典故。身為一名經學大家，張稷若雖然沒有在朝為官，但在當時的文人名士間十分有聲望。有一天，一名叫葉奕繩的人來到張稷若的家裡作客。張稷若在與他閒談的時候，葉奕繩偶然間提到了他在記憶經典時使用的一種笨方法 —— 硬背強記法，他的這種方法讓張稷若十分震驚。於是，被葉奕繩的求學態度打動了的張稷若，經常在其他朋友那裡讚揚葉奕繩的求學方法，他認為這種方法才是士子應該堅持使用的學習方法。也正因為如此，這種學習方法才被世人記錄了下來。

　　從小時候開始，葉奕繩就認為自己是一個頭腦遲鈍，不太聰明的人，所以他覺得自己在讀書的時候一定要下死功夫，只有這樣才有可能將書上的內容記在腦子裡。古人都有抄書的習

慣，葉奕繩同樣如此，他只要看到自己喜歡的內容，就會動手
抄錄在事先裁好的紙張上，這些紙最多可以抄上六七段內容，
再多就要抄在其他紙張上面。

　　葉奕繩還有一個習慣，他會在結束每天的閱讀學習之後，
將自己在閱讀期間抄好的文章貼在臥室的牆壁上，每天都會
花些時間來到牆壁前背誦貼在上面的文章。葉奕繩為自己立下
規定，不論自己有多忙，每天都要將牆壁上的內容背誦三到五
遍，並且在背誦的時候務必要做到熟練，牆壁上的內容都要一
字不漏地認真記憶。

　　牆壁上的空間畢竟有限，等到整面牆壁上都被葉奕繩抄寫
的紙張貼滿時，他就會將自己最先貼在牆壁上的第一張紙撕
下，然後在空白的位置貼上最新摘抄的文章，再把撕下來的老
文章收進一個大竹筒中。就這樣，葉奕繩不斷地替換、更新牆
壁上的文章，日復一日、不間斷地進行記憶。一年的時間過去
了，葉奕繩已經可以背誦 1,000 段文章了。

　　所謂限時強記法，就是在葉奕繩的「強記法」上發展而來，
這種方法是要求思維主體在規定的時間內記下規定數量的記憶
資料，以不間斷的「強行記憶」來達到鍛鍊大腦、提升記憶力的
目的。例如，思維主體可以在規定的時間內記憶一些數字、人
名、簡短的故事、詩歌或者單字。規定的時間不用很長，一般
在 3 分鐘或 5 分鐘之內，最多不超過十分鐘。記憶的內容也不
用太多，只要思維主體可以在規定的時間內完成記憶即可。

　　通常情況下，現代人都很難擠出大量的時間來專門學習一種記憶方法，尤其是上班族。所以，限時強記記憶法就是該群體提升記憶力的優先選擇。上班族可以利用諸如每天上班前在車站等公車的時間來運用這種記憶方法。

　　幾乎每個城市的車站或者捷運站的候車空間裡都會有各式各樣的廣告宣傳海報，這些宣傳海報上一般都會有少量的文字和一種或幾種聯絡方式，上班族就可以利用候車時短短的這幾分鐘時間，盡力記住宣傳海報或者廣告牌上的電話、文字等資訊。

　　等到坐上車後，立刻結束本次記憶，然後等再次乘車的時候，就可以馬上對自己上次「強記」的內容進行檢驗，如果全部記住了，就可以更換一些新的內容進行新一輪的「強行」記憶，如果沒有記住，那就要發動大腦，再次進行強記，直到可以準確記憶為止。這樣上班族就可以利用很少的時間完成提升記憶力的訓練，用最小的代價達成強化記憶力的目的。

　　如果思維主體是一名學生，那他就可以利用下課後的課間時間來進行「強記」，比如抽出 10 或 5 分鐘的課間時間，首先對課堂上老師所講的某一部分知識點進行「強記」，「強記」過程在上課鈴聲響起後立即結束，或者在規定時間到了時立刻停止，繼續正常的學習過程。

　　限時「強記」的結果要留待放學後進行檢驗，如果「強記」成功，就可以更換新的知識進行新的「強記」訓練。如果「強

記」失敗，就應重新規定稍微短一點的時間，對已經「強記」過的知識內容進行再次重複性「強記」，直到記憶目的達到為止。

在規定的時間段內，不斷地鍛鍊、增強思維主體的「強記」能力，可以充分啟動、使用大腦，使大腦時刻保持活力，防止腦功能及記憶力出現退化現象。等到限時強記法運用熟練之後，思維主體還可以用更短的時間來「強記」一些複雜、難記的記憶資料。

比如，思維主體可以試著在 3 分鐘內將圓周率小數點後面的 30 位數字「強記」下來。如果不能完成，思維主體也不要氣餒，「強記」是一個不斷堅持、日積月累的過程。只有不停地堅持使用「強記法」，才可以使大腦功能得到提升，才能在不知不覺中提升思維主體的記憶能力，真正達到增強記憶力的目的。

第二節　瞬間、即時記憶法

　　大學考試，是每一名高三學生所必須面對的關卡，這件事情可以說是關乎所有考生的命運，每個人都要奮勇爭先、各顯身手，希望能夠進入心儀的學校繼續升學。身為三年四班的一名學生，小賀同樣有這樣的想法。眼看考試的日子越來越近，小賀卻對自己越來越沒有信心了。對考試而言，這種情況非常嚴重，缺乏自信還讓他在近幾次的模擬考試中接連失利，年級排名一落再落，弄得他甚至萌生了退學、輕生的念頭。

　　小賀的狀態讓家長和學校的老師都很擔心，他們分別找他約談了幾次，但效果不但不明顯，反而使他進入了自閉狀態，不管誰和他說話都不再回應一聲。出於各方面的考慮，學校認為小賀應該回家靜養。無奈之下，小賀的老師也只好讓他回家休息一段時間，等他狀態恢復之後，再返回學校繼續讀書，備戰大考。

　　小賀被父母帶回家後，狀態一直沒有好轉。賀父為了能夠讓小賀的情況出現轉變，專門向公司請了長假，留在家裡陪著他，以防小賀一時糊塗，再出現什麼意外。由於賀父每日接連不斷的開導，小賀的狀態稍稍好轉，他已經開始看電視了，這對賀家來講絕對是一件好事。

　　這天，小賀正在看電視，他無意間轉到了一個教育節目，

節目裡正在講解一種記憶方法，小賀被這個節目吸引住了。看過節目之後，小賀按照節目中所講的方法嘗試了一下，意外地發現自己竟然可以迅速進入記憶狀態，而且記憶的效果也不錯，這讓他十分欣喜。

慢慢地，小賀憑藉著這種記憶方法記憶了大量學習內容，這樣的進步讓他逐漸恢復了對自己及讀書的信心。重新樹立起信心之後，小賀毅然選擇了重返校園，他經過自己的打拚，努力備戰大考，考試成績終於有所提升。在大考戰場上，小賀一鼓作氣，如願考取了自己心儀的大學。

科學家認為，在思維主體接觸到記憶內容進行記憶的過程中，可以採用一種記憶方法，使大腦迅速進入記憶狀態，大大提升記憶的速度和效率，讓記憶的效果成倍增加。這種記憶方法就是——「瞬間、即時記憶法」，也就是小賀從電視節目中學到的記憶方法。

這種記憶法可以從時間角度分為兩種狀態，第一種就是「瞬間狀態」，第二種就是「即時狀態」，嚴格來講，這兩種狀態都可以分別作為一種記憶方法來使用。

我們先來了解「瞬間狀態」，所謂「瞬間狀態」（也可以稱為「瞬間記憶法」）就是指，思維主體在接觸記憶資料的一瞬間，立刻啟動大腦，有意識地對接觸到的記憶資料進行記憶，讓大腦的記憶作用發揮到最大限度。

有科學家做過這樣一個實驗，他事先準備一則寓言故事，

將這則寓言故事當作需要進行記憶的材料，然後從同一個班級裡挑選了兩組學習成績相近的受測者，讓該班級的老師分別對這兩組受測者講述這則挑選好的寓言故事，並記錄實驗結果。

在對第一組講述寓言故事的時候，老師事先要告訴這組學生，聽完寓言故事之後要對他們進行提問，要求每一名受測者都要盡量將故事複述出來。在對第二組講述寓言故事的時候，事先告訴這組學生，這則寓言故事只需聽一聽就可以了，不必費心強記。結果表明，第一組的記憶效果遠遠超出了第二組的記憶效果，之所以如此，完全是因為在記憶之前第一組已經有意識或下意識地進行記憶的準備，所以他們在接觸到故事的時候馬上就進入了記憶狀態，記憶的效果自然也就變得非常好，而第二組則完全沒有進行記憶、記憶的準備，記憶的效果自然也就會變得非常差。

因此，「瞬間記憶法」要求思維主體在進行學習或記憶的前一刻，就應事先做好進行記憶的心理準備，可以利用為自己訂立目標或者記憶結束後找另一個人檢查自己學習記憶後的記憶結果等方法來提醒、約束自己，這樣就能事先將大腦的記憶功能啟動，在聽講或者閱讀的時候達到事半功倍的效果。

「即時狀態」又稱「即時記憶法」，這種記憶方法是要求思維主體在進行記憶的過程中，先盡心盡力檢視或聽取需要記憶的資料內容，每聽取或檢視一條或一個知識後，就立刻在大腦中將該知識或段落內容迅速地回憶一遍，大腦就會進入「即時狀

態」，也就達到了即時記憶的目的。

　　比如說在課堂上受教的學生，可以等到老師每講過一個知識點後，就迅速地將老師所講的知識內容在腦子裡回憶一遍；等到這節課結束之後，再利用幾分鐘的時間將整節課所講的內容回憶一遍；等到這一天的學習結束後，又在腦海中將一天所學的內容回憶一遍。

　　這樣全天所學的知識就像是播放電影一樣，不斷地在腦海中重複出現，記住的和沒記住的自然也就一清二楚了，等到第二天再將沒記住的重新記憶一遍。如此記憶的效果自然就會變得非常好，「即時記憶」的目的也就達到了。

第三節　課堂記憶法

在每個生活圈子裡總是有那麼幾個出類拔萃、鶴立雞群的人，校園生活裡也同樣如此。在 H 高中，小美就是很多同學眼中「與眾不同」的人。本來，身為一個還在求學的女孩子，小美應該是一個聽話乖巧的女孩，但她並不像人們想像的那樣文靜，反而十分活潑好動。小美熱愛體育運動，她的體能遠遠超過了很多男同學，不僅經常在體育比賽上奪得好成績，而且她還有著一副「熱心」，經常為一些「受欺負」的同學們打抱不平。

懾於小美的「戰鬥值」，即便是一些校外的小流氓也不願與她起衝突，從某種程度上說，她就是學生們的保護傘，還被很多整天混日子的學生們奉為名義上的「老大」，因此，在學校裡從來沒有哪個學生敢去找她的麻煩。有一次，幾名混混在校外勒索一名學生，正好被小美遇見，她勇敢地解救了這名學生，也因此在學校內得了一個「小美姐」的名號。

乍看之下，像小美這樣信奉武力的「小混混」，成績肯定好不到哪去，在學校裡也一定不會受到成績優異的學生及老師們的待見。而事實則與之相反，小美不僅「戰鬥值」高，而且她的成績也非常好，每次考試她都能名列前茅。正因為如此，小美不僅被老師們所喜歡，就連成績好的學生也都願意與她交朋友。很多人都驚訝於小美是怎樣兩者兼顧，在保持強而有力「戰

鬥值」的情況下依然可以將成績維持得有聲有色。以一名女孩子來說，能夠有這樣的成績著實引人豔羨。

其實，小美之所以能夠兩者兼顧，將成績和體育都維持得有聲有色，原因與她在課堂上所使用的學習方法有很大的關係。自從小美上學之後，她就從來沒有蹺過一節課，每節課她都會認真聽講，並總結出了一套專供課堂上使用的學習方法。小美將這種學習方法稱為「課堂學習法」，正是憑藉著這種學習方法，小美才能夠保證自己的成績一直很優秀，也因此有了多餘的時間來鍛鍊身體，成為其他學生眼中的「學習標竿」和「武林高手」。

教育研究學者發現有很多學生由於接受能力差，因此在上課的過程中很難將老師所講的知識學會、弄懂，有些學生甚至連將知識「死」記下來都做不到，而且在下課後，這些學生在做回家作業的時候也不能找到解決問題的要點，不能正確地理解解題的邏輯，所以也就無法將這些知識吸收到大腦的記憶網路之中。

導致這種現象的原因有很多，除了學生在課堂上不能夠集中注意力認真聽講之外，還與這些學生無法找到該堂課中的學習重點；抓住老師口中所講的關鍵知識；將這些知識重點記憶有關。事實上，在每一節的課堂中，幾乎沒有人可以清楚地將老師所講的每一句話都記下來，所以記住老師所講的重點、關鍵知識就尤為重要了。

　　所謂「課堂記憶法」，就是針對學生們在課堂中常見的這些學習問題而設計出來的，這種記憶方法要求學生們在上課之前一定要根據該節課所講的內容進行提前預習。預習之後，學生們就能明確地將疑難問題及看不懂的主題找出來，然後在課堂上著重聽老師講解該部分的問題及知識，盡量在課堂上將這些疑難問題解決掉。

　　做好課前預習之後，學生們接下來要做的就是在課堂上將老師重點講解或重複強調的知識記憶下來，這些重點講解的內容就是該節課的重點。一般來說，這些重點是指某些基本定義、基本定理、歷史年代、歷史事件、基本公式、解決問題的方法及定理的推演方法等知識。除此之外，老師寫在黑板上的內容或用粉筆圈起來的內容通常也很重要，值得學生們特別關注。

　　抓住重點之後，學生們還要重視老師在每節課開頭及結尾所講的內容，這兩個時間段所講的內容的重要性遠遠超過前文所講的重點知識。一般情況下，學生們在聽講的時候常常會將「開頭」和「結尾」的內容忽視掉，錯誤地認為「開頭」所講的不是該堂課的正文，「結尾」講的是已經在課堂上講過的內容，再加上講「開頭」時是剛上課，學生們的思緒還沒穩定下來，講「結尾」的時候又要下課，學生們都急著出去玩耍。因此在聽這兩部分內容的時候，很多學生都處在心不在焉的狀態，記憶的效果自然也就非常差。

　　事實上，每節課的「開頭」內容可以說是這一節課的大綱，

有著概括、綜述所有知識的作用，只有抓住這個大綱，按照大綱的指示去聽講，才能好好地區分主次，知道自己該怎樣學習，在課堂上該做什麼，又該按照怎樣的步驟去做。

「結尾」內容則是老師對本節課中最重要的知識進行的一次總結及精煉，這些內容是學生們複習時的重點，對這節課有著不容忽視的重大作用。除此之外，每堂課的「開頭」和「結尾」還都是相互對應的內容，這兩者對本節課有著提點、昇華的意義，掌握二者之後，自然也就可以輕易地將整節課的知識點搞懂了。

課堂記憶法還要求學生們在上課的 45 分鐘內緊緊跟著老師的思維，抓住老師的邏輯，按照老師的想法去聽講，這樣就能使學生的記憶不會出現「空白」，保持聽講的連續性，使記憶內容從原本的支離破碎轉變為條理清晰的狀態。

那麼，該如何上跟老師的思維呢？首先，學生們在聽講的時候應該關注老師在課堂上提出的每一個問題，不管是要求學生回答的問題，還是老師自問自答的問題，都代表了老師傳授知識的邏輯。如果可以將這些問題記錄在筆記本上，用於課後複習，記憶和學習的效果就會變得非常好。

此外，每次老師在講到需要記憶的重點知識的時候，一般都會說上一些提示性的話語。比如：請注意，我再重複一遍，這是重點等等，這些提示之後講到的內容就是老師教授知識的邏輯，抓住這些內容就等於是抓住了老師的教學思路。

　　幾乎在每堂課上，老師都會講解一個或幾個定理、結論，在講解這些定理、結論的時候，老師都會專門將該定理、結論的推演過程詳細地講一遍，這個推演過程同樣是老師的思考過程，緊跟這一過程，不僅可以使學生深層地理解老師所講的定理、理論知識，還有助於培養、提升學生們分析問題和運用知識的能力。

第四節　預習記憶法

　　小澤是一個十分老實的男孩，他謹遵父母、老師的教誨，堅定地按照他們安排的方式生活、讀書。很多人可能都適應不了這種死板的教育方式，認為在這種教育方式下成長的學生一般都是「書呆子」，將來也會缺少自己應有的思想和靈魂。小澤則不這麼認為，他覺得這樣做，首先是孝敬父母、尊敬師長，其次是這種教育模式看似死板，實則都是父母及老師用人生經歷總結而來的學習經驗，按照他們的要求去讀書，是不會出現大差錯的。

　　小澤今年剛讀國二，自從進入國中之後，他便按照父母親的要求利用假期時間參加了幾個補習班，以便於用假期時間來溫習原來學過的功課，如果時間允許的話，補習班還會提前講解一些大家還沒有學過的新知識。在補習班裡，小澤一直很認真地學習，可他覺得自己記住的知識依然很少，補習的效果也不是特別好。

　　小澤將他的這種疑惑講給了父母聽，父母則認為只要有效果就行，並且告誡小澤，不要因為上過了補習班就不重視課堂學習過程，在學校上課的時候，一定要提前準備預習，這樣才能學得快、學得好，才能考出更優異的成績。小澤將父母的話牢牢記住，並實際應用到自己的學習、生活之中，希望自己能在新的學期裡考出更優異的成績。

　　一段時間後，小澤發現自己雖然堅持課前預習，可是他發覺預習的效果不僅非常不好，反而還浪費了自己大量的休息時間，使得自己在上課的時候經常打瞌睡，很難集中注意力。這樣一來，學習的效果不僅不見好轉，反而走了下坡，這讓小澤十分苦惱。一次偶然的機會，小澤在圖書館找到了一種可以提升預習效果的方法 —— 預習記憶法。

　　小澤憑藉著這種預習方法，一改往日預習後出現的消極狀況，成功地達到了預習輔助學習的目的，大大增強了對知識的領悟、學習、記憶能力，使得整個學習過程變得異常輕鬆，這大大地增加了小澤的學習動力，使他的成績得以快速提升。等到畢業考的時候，小澤的成績已經遠遠超過以往，成為前三名中的常客。

　　科學研究發現，很多學生在進入國中階段的學習之後，都明確知道了課前預習的重要性，對於一些難度比較高的科目來講，課前預習幾乎成了應對該科目的唯一選擇。不過，研究者發現，即便是學生們深知預習的重要性，並在課前做好預習，但預習的效果似乎並不明顯，對於有些同學來說，預習這件事完全是在浪費時間，整個預習結束後，腦海中也沒有留下一點完整、清晰的印象，這樣一來，預習顯然就是在浪費時間。

　　到底該如何提升預習效果，使預習成為輔助學習的首要手段，這就是本節要講的重點內容。預習的首要目的就是要讓預習的學生在老師講解新知識之前對陌生的知識有一個初步認知。想要滿足這一要求，學生應先將預習內容讀三遍。在這

裡，「讀」三遍的過程也應詳略得當，可以將其細分為粗讀、細讀和精讀。

　　粗讀是指預習者按照預習資料的框架（比如章節、單元、小節等），將預習資料粗略地讀上一遍。這樣做的目的是為了了解整個預習內容的結構，透過粗讀掌握其整體輪廓。粗讀之後，就可以在其基礎上開始細讀，細讀要求預習者應按照預習內容一字一句地認真閱讀。這樣一來就可以清楚地知道整個預習內容中哪些是重點，哪些是難點，哪些地方有疑問，哪些是重要理論，哪些又是基本概念、基本定理等。

　　在細讀的基礎上就可以繼續進行精讀，精讀是三次閱讀中層次最高的讀法，在精讀的過程中，預習者要帶著細讀時發現的問題去進行閱讀，盡量全面、綜合、對比，將預習內容中的規律總結出來，理解預習內容中的知識。如果無法理解，就應畫上重點，留待課堂中將其解決。

　　對預習資料進行了三次閱讀之後，預習者還應對閱讀所得做一個全面透澈的總結，這樣做的目的就是為了使預習者能夠將閱讀時所掌握的知識、發現的問題、未掌握的知識進行整理，掌握這些分散的各部分知識之間的內在關聯，進一步加深對所有知識的理解和掌握。從一定意義上來講，完整、具有體系的知識也便於被預習者用到複習過程當中。

　　在學習生涯中，除了課前預習，還有一種在一個學習階段結束後展開的大預習。一般情況下，大預習的時間充足，預習

者可以自由安排學習時間，預習的重點一般都放在較弱的科目上。當然也有特殊情況，有些有遠見的同學，也會在每一階段的學習結束之後，抽出時間來預習老師即將講解的新章節。

　　總而言之，很多同學在進行大預習的時候都會為自己留下非常充足的預習時間，預習的過程也因此變得漫長，所以長時間的預習過程，是很容易將預習者的學習主動性消耗掉。因此，預習的時間一般應保持在 30 ～ 40 分鐘之間，也就是一節課的時間，時間特別充足或者預習內容特別多的人也可以根據自己的情況適當將時間延長一點，但切記不要預習過久。

　　如果需要預習的內容比較簡單，而預習者的時間也不是很充足，那麼預習者就應該將預習時間縮短到 20 分鐘以內，在短時間內將大預習做好。對於一些比較難的知識，預習者應該每週抽出兩段時間來進行預習，每次預習的時間保持在 30 分鐘以內。比如：可以在週三中午預習一次，然後在週五或週六中午預習一次。

　　對於一些學習、記憶、理解能力強的學生來講，他們可能認為預習的過程會將自己對新知識的新鮮感破壞掉，因此不願進行預習，但對理解、記憶能力較弱的學生來講，預習是必不可少的一個學習過程。最關鍵的是，預習並不是為了應對老師的檢查或者提問，預習應是為了幫助自己理解、輔助學習的過程。只有導正了面對預習的態度，學生才能透過預習的過程來發揮促進學習、記憶的作用。

第五節　複習記憶法

　　一進到 W 社區，大老遠的就能聽到一位阿姨拉高嗓門在那裡說話。這位阿姨叫周巧芯，別看她的名字取得文雅，她的大嗓門在 W 社區裡也是出了名的。W 社區位在一個小巷內。周巧芯是唐義軍的老婆，據說唐義軍家裡早年富裕過，有許多田地，不過後來不知道為何就漸漸落沒了。等周巧芯嫁過來的時候，唐家也就剩蓋在 W 社區的幾間老房子了。

　　據街坊鄰居們說，周阿姨原本講話也沒這麼大聲，即便是兒子小唐剛出生的那幾年，她說起話來也輕聲細語的。至於後來如何擁有了這樣粗大的嗓門，那就要提一提他們的兒子小唐了。小唐小的時候呆呆傻傻的，因此也就成為其他小朋友戲弄的對象。為此，周巧芯沒有少掉眼淚。有人說周巧芯的嗓子就是在那時候變嘶啞的。

　　後來，小唐上了小學，被欺負的現象才有所改善，周巧芯的臉上也泛出了幾分悅色。幾年後，有一件事讓 W 社區的人至今記憶猶新。那天，小唐從學校帶回來了一張「好學生」獎狀，這可是整個 W 社區裡的學生們中第一次有人帶獎狀回家！周巧芯的臉上樂開了花，嗓門也慢慢放開了，她逢人都會大聲地將自己兒子獲獎的事說上一遍，社區裡的鄰居們也都笑著應和，這讓周巧芯十分高興。

　　小唐自從發現獎狀可以讓媽媽開心以後，每一年都會拿回幾張獎狀。國中考試之後，小唐還以全縣第一的好成績拿到了縣長獎，這讓周巧芯高興壞了，從此，她的嗓門再也沒有降低過，成了 W 社區裡遠近聞名的「新風景」。當然，有些有心人也會對小唐的成績感興趣，他們都想知道小唐到底是怎樣考取優異成績的。

　　其實，唐國奎除了讀書努力之外，他還掌握了一種很普通的學習方法──複習記憶法。這種方法很多人都知道，也幾乎人人都在使用，但沒有一個人用得比小唐好，小唐就是利用這種記憶方法，使自己的成績一直保持在最高水準，沒有一個人能夠超越他。最終，小唐憑藉著這種普通的記憶方法成功取得了全縣最高的成績。

　　眾所周知，遺忘現象是記憶過程中面臨的首要困難，那麼在進行記憶的過程中該如何遏制遺忘，也就成了提升記憶力的關鍵性因素。在校園生活中，學生們最常使用的遏制遺忘的方法就是複習。幾乎每一名教師都會要求學生們堅持複習，複習也成了除預習之外輔助學習、提升成績的另一重要手段。

　　和預習一樣，複習其實也講求方法，恰當的複習方法才能將複習的功效發揮到最大，而不恰當的複習方法往往只能浪費學生們的學習時間。在這裡，我們要介紹幾種有效的複習方法，使複習可以成為幫助學習、鞏固記憶、提升成績的重要手段。

所謂:「鐵要趁熱打,火要趁風放。」複習也應趁早進行,每節課後,都應立即對該節課上所學到的內容進行複習。只有及時複習,才能最大限度地保證記憶的效果。在校園學習中,很多學生都沒有課堂聽講後馬上進行複習的習慣,等到過一段時間,原本學到的知識已經被拋諸腦後,這個時候再去複習,就等同於重新將已經學習過的知識再學一遍,這顯然違背了複習的初衷。

所以說,學生們如果想要透過複習的手段來鞏固記憶成果,最好在每節課結束後,立刻安排時間進行複習。如果時間不充裕,那也應該在當天的課堂結束後,再對全天所學的知識做一次總複習。

在進行複習的過程中,學生們就要利用合適的複習方法了。比如:在進行複習的時候,不要直接拿出書本來看,也不要捧著書本對著課堂上畫下來的知識大聲背誦,反而是應該將書本合上,在腦海中努力回憶整節課所學到的知識。這種自己在腦海中考自己的方法,可以充分活躍自己的大腦,使回憶的內容變成更加牢固的知識。

假設學生們能夠在自我提問式的回憶中將大部分本節課中所學到的知識回想起來,那就證明學生們所進行的課堂聽講和課前預習等活動是有效且成果斐然的,這在無形中就會增強學生們對學習和預習的信心,同時也使得記憶的效果獲得再次提升。

如果學生們在回憶複習的時候,腦海中記起的內容很少,

那就應該主動尋找原因，改進課堂學習及預習的過程。複習回憶結束後，學生們就可以開啟課本來檢驗自己的回憶是否有出錯的地方，如果有應立即加以改正。

在進行回憶複習的時候，學生們事先還要準備一張紙和一支筆，一旦在腦海中回憶出課堂上學習到的內容，就應該馬上將該知識寫在紙上，同時還可以將自己的複習成果、學習心得等情況全部羅列清楚。如果能夠養成複習時筆不離手的習慣，也就能將手、腦連動起來，產生進一步幫助、提升記憶的作用。

幾乎每堂課結束，老師都會留下作業，此時學生們不要馬上就抽出時間來做作業，反而應該在做作業之前再次將書本上或參考資料上的內容閱讀一遍，如果條件允許的話，學生們還可以和身邊的同學討論，也可以請教老師，將自己在課堂學習中尚未弄懂的問題盡可能地解決掉。做好這些準備之後再去做作業，這樣既達到了靈活運用新知識的目的，又取得了複習的效果，可謂是一舉兩得。

在複習的時候，學生們還應該多動腦筋、多思考。比如，每學一節新課題，複習的時候就應該嘗試著找一找，新學習的和原來學的舊知識之間是否有關連，如果新舊知識之間是有相關的，那學生們就可以將兩者連繫起來，進行比較記憶。這樣一來，記在腦海中的知識就會變得更有條理，知識與知識之間還會形成一個網路，不僅有助於理解記憶中的眾多知識點，更進一步加深、鞏固了對新舊知識的記憶。

第六節　過度記憶法

　　朱文龍是一個既憨厚又聰慧的男孩子，他就像他的名字一樣，在內心裡有著非常遠大的志向。朱文龍的家庭經濟狀況不是很好，幼年時貧苦的生活讓他意識到自己只有努力學習，努力考入高等學府，才能真正改變自己的命運，這也是他目前所能看到的唯一出路。朱文龍很喜歡文學，而想要學好文科，就必須記憶大量的文字、文獻資料，只有將大量的文本牢固地記在腦海中，才能在考場上揮毫縱橫，才能取得優異的考試成績。

　　為了能夠讓自己擁有考入頂尖大學的資格，朱文龍從上學開始就嚴格要求自己。他要求自己一旦開始學習，就必須將全部身心投入到學習過程之中，力求能夠達到廢寢忘食的境界。為了盡快提升自己的成績，朱文龍總會下意識地將老師安排的作業多寫幾遍。也正因為如此，朱文龍才能一直保持著優異的成績，並被老師們所喜愛。

　　每天，朱文龍都會花費遠超其他同學的時間來學習，但他學習的進度並不快，所以很多人都認為朱文龍能夠取得這樣好的學習成績，完全是他以勤補拙的結果。事實上，朱文龍之所以這樣做，並不是因為他不夠聰明，其實是因為他在學習的過程中意外發現了一種可以提升記憶效果的方法。但這種記憶方法不僅不能縮短學習者在記憶過程中所使用的時間，反而要讓

學習者花費更多的時間來進行記憶。

這種記憶方法看似是在浪費時間，可對記憶能力提升的效果卻著實讓人眼紅。朱文龍正是因為掌握了這種特殊的記憶方法，才會在學習的過程中經常花費比其他學生更多的時間來進行記憶，他清楚地知道，只有堅持使用這種記憶方法，才能真正將知識完全掌握，達到滾瓜爛熟的目的。

更關鍵的是，朱文龍發現，利用這種看似費時的記憶方法記住的內容，記憶的牢固程度遠超透過其他記憶方法所記住的內容。而且每當需要使用該記憶內容的時候，大腦可以輕易地將記憶資料提取出來，大大縮短了苦思冥想的時間，不僅記憶的還原過程快，還原的品質還特別好。所以說，這種記憶方法才是朱文龍在學習路上克敵致勝的真正關鍵。

很多初學者在進行記憶的過程中，一旦發現自己經過一次或幾次的記憶後並沒有將記憶內容印在腦海裡，就會手足無措，不知該如何是好。有些人甚至會對自己的記憶能力產生懷疑，對自己、對學習喪失信心。事實上，這種記不住的現象是完全正常的，只要學習者繼續堅持記憶，在記憶的過程中努力尋找導致記憶出現問題的原因，找到適合自己的記憶方法，「記憶」就一定可以獲得成功。

眾所周知，記憶是一個由淺至深的過程。每一次重複性的記憶行為，都是對記憶強度的加固，只有一步步地不停加深記憶，才能使思維主體真正掌握這部分的知識，也只有這樣，才

能將已經記住的知識信手拈來地應用，才能取得最理想的記憶效果。「過度記憶法」就是能夠強化記憶效果的有效方法。

「過度記憶法」的定義是：學習者在進行記憶的過程中，記憶某一內容達到低熟練度的時候，再繼續記憶、堅持記憶的記憶方法。簡而言之，「過度記憶法」就是學習者在剛好可以將學習資料記住的情況下，不要停止記憶行為或轉而記憶其他新的知識，反而應該將已經初步記住的知識進行再次、多次記憶。當然，在使用「過度記憶法」的時候，學習者也應有自己的考量，避免過猶不及的狀況出現。

那麼，過度的「度」在哪裡呢？有這樣一個實驗，實驗要求三組實驗參與者觀看一幅迷宮圖，第一組只要初步將迷宮圖記住即可，第二組則在記住的基礎上再多進行 50% 的記憶練習，第三組則在記住的基礎上再多進行 100% 的練習，然後檢測三組繪製的結果。實驗證明三組實驗者中的第二組是記得最清晰、記憶效果最牢固的一組。也就是說，在記住的基礎上，只需增加 50% 的記憶幅度，就可以達到「過度記憶」的最佳值。

值得注意的是，太頻繁地使用「過度記憶法」會使學習者產生嚴重的疲倦、懈怠感，這種感覺會使得記憶效率變得非常低下，所以在使用「過度記憶法」之前，學習者應該對需要記憶的資料進行篩選，然後只對重要的、基礎的知識運用「過度記憶法」，而不是將這種記憶方法應用在所有需要記憶的內容上。

在臨考前的複習過程中，也可以有選擇性地使用「過度記憶

法」。使用「過度記憶法」的時候，學生應該按照自己對課業的
掌握程度、熟悉程度來界定「過度記憶法」的使用頻率。

第七節　「雙基」記憶法

　　每當考試臨近的時候，學生們都會自發地進入考前緊張狀態。這一刻，學生們都會「八仙過海各顯神通」，要使自己達到「臨陣磨槍不快也光」的最佳狀態。有些關乎命運的考試更是如此，這其中又以國中會考、大學考試為甚。每當這兩次重大考試即將到來時，不論是家長還是學生、老師或者學校都會表現得無比慎重。各個科目的任課教師也會提前結束課程，在考前為學生們留足大複習所必需的時間，使學生們能夠有時間將知識融會貫通，可謂是做足了準備。

　　近年來，由於教師的叮囑和強調，「重點」知識在學生心目中所占據的比重變得越來越大，以至於很多學生在複習的時候都會下意識地只關注、研究「重點」知識。在臨考前的大複習中，學生們競相猜題，拚命地鑽研、記憶這些所謂的「重點」，力求能夠猜中一題，讓自己多考幾分，但實際結果卻出現了兩極化。一部分學生藉此考出了更優異的成績，而另一部分學生則平白浪費了大量的複習時間，這種異常現象讓許多學生都感到十分懊惱，但他們又不知該如何是好。孫同學也被這個問題所困擾著。

　　孫同學的學習成績雖然在班級裡只能算是中等偏上，但他同樣想要考出更加優異的成績，每年期末考試前的大複習，孫同學都會跟著成績好的學生們一起研究「重點」知識，但他並沒

有從中獲得任何有價值的回報，這種結果讓他開始質疑自己，大大地打擊了他積極向上的學習心態。幸運的是，孫同學並不是一個「悶葫蘆」，他在發現了問題之後便馬上找到了班導師，向老師尋求幫助。

　　班導傅老師聽了孫同學的困惑之後，笑著對他說道：「複習『重點』知識是要結合自身的學習情況來進行的，如果基礎不扎實，就算花費大量的時間去複習『重點』，也不會有多少成效。你既然覺得自己的基礎還不夠扎實，那現在應該做的就是打好基礎，穩固基礎，才是你複習時的『重點』啊。」談話結束後，班導傅老師還結合孫同學遇到的狀況，替班級裡基礎較差的學生們介紹了一種鞏固基礎的記憶方法 ——「雙基」記憶法。

　　孫同學得到這種記憶方法之後，馬上就將它應用到自己的複習過程之中。十幾天之後，孫同學發現很多原本記不住的知識已經被自己牢記，一些模糊的知識點也慢慢變得清晰起來，如此顯著的複習成果，使他變得更加自信、樂觀起來。現在，孫同學如願考出了優異的成績，並慢慢開始向著「最優」進軍。

　　「雙基」記憶法中的「雙基」指的是學習中的基礎知識和基本方法。這種記憶方法要求學生們在國、高中階段的學習中，注重基礎知識，鞏固基本方法，將學習、複習的重點放在基礎上，而不是將大量的時間花費到研究困難點、重點、艱澀的難題上面。

　　教育研究學者認為，國高中階段的主要學習任務就是掌握基

礎知識和訓練基本技能，這和「雙基」記憶法的觀點不謀而合。其實，不論是會考還是大學考試，考試的題目雖然千變萬化，但究其根本，還是從基礎知識、基礎方法之中演變而來的。所以，學生在複習的時候應該結合自身的實際情況，找到自身欠缺的地方，基礎不牢固的就應及時採用「雙基」記憶法打好地基。

「雙基」記憶法的適用對象就是那些基礎打得不夠好的同學，那又該如何使用這種記憶方法呢？在使用該記憶方法的時候，學生首先要將自己不懂的重點、難點知識從複習的「圈子」內摘要出來，然後不要盲目地跟著其他基礎扎實的學生去研究那些艱難的題目，更不要花費大量精力去猜題。

杜絕以上行為之後，學生就可以將各個學科最基礎的定理、理論、概念、必背段落、解題的基礎方法等知識整理出來，然後對這些基礎的、可以理解的知識進行記憶、鞏固，務必將這些基礎知識、基礎方法牢牢地「刻」在腦海之中，等到將這些基礎知識全部記住之後，再開始解析其他各種基礎題型，分析、研究、清除作業中經常出現的錯誤，進一步將各個科目的基礎知識徹底弄懂，這樣一來基礎自然就打好了。

「雙基」記憶法針對的就是基礎不穩固，但在大複習時又渴望得到好成績的學生，而那些成績好的學生在平日的學習中就已經將自身的「雙基」打好，等到大複習的時候自然就不需要使用這種記憶法，研究知識重點、猜題、強化對重點知識的理解，才是這部分學生應該做的事情。

第八節　快速閱讀記憶

「真的好累啊，眼睛都看花了。」小芬氣呼呼地將手中的參考資料丟在書桌上，空出雙手輕輕地揉了揉又酸又脹的眼睛，然後重重地靠在椅子上，認真地做起了眼部保健操。小芬一邊跟著節拍轉動眼睛，一邊在心裡狠狠地詛咒安排作業的那名老師。她那副咬牙切齒的模樣真的是讓人又疼又愛。

就在小芬幻想著自己用電影裡的整人橋段，將那名老師狠狠捉弄一番的時候，放在床頭的手機突然響了起來。小芬拿來一看，原來是鄰居阿強傳來的一條簡訊，他現在正在樓下想約她一起去玩呢。今天小芬的家長都不在家，她也就省了一番解釋，大大方方地下樓赴約去了。

誰曾想，小芬剛趕到樓下，神清氣爽的阿強就指著她「哈哈」大笑起來，搞得小芬還以為自己的臉是不是沒有洗乾淨。還沒等小芬追問，阿強就指著她的眼睛說道：「哎呦，小芬，妳的眼睛怎麼哭腫了？什麼電視劇這麼悲情？」

小芬一聽這句話就一肚子火，她沒好氣地說道：「還不是老師出的的那一堆作業，眼睛都看腫了，那本書也沒看到一半。」話還沒說完，小芬突然驚覺地問道：「你不是也要看那本書？為什麼你的眼睛沒腫？是不是偷懶還沒看？我告訴你，你要是被老師抓到了，可別怪本小姐沒提醒你。」

　　一想到老師的「變態手段」，阿強強就忍不住打了個冷顫，可他一看到小芬的眼睛，就又得意忘形起來，拖著長音回答道：「我早就看完了，看書也是要講究方法的。」小芬一聽說看書也有捷徑，也顧不得和阿強斤斤計較了，急急忙忙地問道：「快說，有什麼好方法，告訴我，我就請你吃好吃的。」

　　後面的假期裡，小芬憑藉阿強告訴她的記憶方法，順利將那本厚厚的參考書看完了，那可是比國文課本還厚的參考書！而且她還將書中的關鍵內容記得八九不離十。這種快速閱讀的感覺真的是太好了！小芬鄭重地將這種記憶法的名字寫在了書本上 —— 快速閱讀記憶法，她還發現這種方法在挑選參考書的時候也很有用，看來自己今後是再也離不開這種方法了。

　　眾所周知，學生在校學習的時候，除了學習課本上的知識以外，還需要藉助各式各樣的參考書籍來幫助學習。在現實生活中，各大書店內琳瑯滿目的參考書，常常讓人看花了眼，如何挑選參考書自然也成了學生必須解決的一個問題。教育專家認為，參考資料上所講述的內容，學生們是不必花費大量的時間去記憶的，學習的重點依然應該放在教材上。

　　其實，參考資料上的內容過於繁雜，學生也不可能有充裕的時間來記憶這些內容，更不可能將參考資料中的內容全盤吸收，即使是花了大量工夫，勉強將書中的內容記住，記憶的效果也十分差。所以在記憶參考資料上的知識時，應找到合適的記憶方法。

快速閱讀記憶法就可以幫助學習者迅速挑選到適合自己的參考資料。在挑選參考資料的時候，挑選者切忌不要先去關注該資料的內容，而是應該先檢視資料的書名和副標題，根據書名和副標題進行首輪挑選，等到將符合自己要求的資料選出來，就開始檢視這些資料的簡介、後記、編者導語和作者說明等內容，檢視完畢之後再根據這些資訊對內容展開二次篩選，然後檢視經過第二次篩選的內容的目錄、章節提要等資訊，並開始以「跳讀」的方式檢視被選中的內容，最終選定自己需要的參考書籍。

將參考資料選好之後，學生們就要借用快速閱讀記憶法來閱讀、記憶參考資料了。快速閱讀記憶法最常用的閱讀方式就是「跳躍式閱讀」，這種閱讀方法要求學生在閱讀資料的時候，以跳躍的方式跳過文章中的大段、大篇幅內容，只讀文章裡的精華部分。比如：只閱讀文章的開頭、結尾，具有承上啟下作用的段落或每一段的起始句等。

快速閱讀法的第二種閱讀方式是「掃描式閱讀」。這種閱讀方法要求學生們在閱讀參考資料的時候，將視線以垂直上下移動的方式進行閱讀，在閱讀的過程中只關注參考資料內的「重點」內容，忽略其他內容，以此來提升閱讀速度，達到快速閱讀、理解、記憶的目的。在使用「掃描式」的閱讀方法時，學生們還要練就能夠在閱讀中快速抓住關鍵詞語、句子的能力，只要具備這種能力，就能做到人們常說的「一目十行」。

　　快速閱讀記憶法的第三種閱讀方式是「組合式」閱讀。這種閱讀方式要求學生們在閱讀的時候不要逐字逐句地看，而是將幾個字或半句話、一句話當成一個又一個的組塊，每次閱讀一個或幾個組塊的內容，即可達到「組合」閱讀目的。想要使用這種閱讀方式，學生們就要先挑選一個簡單易懂的短文來進行訓練，等到自己每次閱讀都能吸收一個或者幾個組塊的時候，就能真正將「組合式」閱讀的要領掌握了。

第九節　六步筆記記憶法

　　身為一名大學考試榜首，康友信是耀眼的。自從他成功取得「榜首」這一桂冠之後，康家的門檻都快被人們踏破了。前往康家「取經」的人也摩肩擦踵、絡繹不絕。親戚朋友、街坊鄰居們蜂擁出動，為的就是能夠從「康榜首」那裡學到一點成功的經驗，這點經驗或許也能讓自家在將來也出一個榜首，用原來的說法，那可是「文曲星」呢。這種光宗耀祖的事情誰能不積極？再不濟，就算是只能和「康榜首」說上兩句話，那也是值得誇耀的事情。

　　康家熱情接待了懷抱各種目的的親朋好友，康友信也親自出面接待各位叔伯阿姨。但他早就不堪盛名之累了，勉強應付一番之後，康友信就準備「潛逃」。不過眼尖的「親友團」怎麼能這樣輕鬆將他放走？一群人七嘴八舌、七手八腳地將康友信按在椅子上，一邊說著「場面話」，一邊豎起耳朵，唯恐漏掉了從康友信嘴裡說出的任何一句話。

　　一直等到記者趕來，康友信才被「解救」出來。稍作休息之後，康友信又要面臨記者的採訪。採訪開始沒多久，記者就問到了眾人最關心的問題：「如何才能考到榜首？」康友信答道：「其實，除了努力、堅持和幸運之外，我之所以能取得這樣的成績，完全歸功於記筆記這件事，是這件事情讓我的學習成績突

飛猛進，才能有幸成為今天的主角。」康友信的回答讓大家跌破了眼鏡。

等到這場由記者發問，康友信作答，各位親友重點關注的採訪正式結束以後，眾多「親友團」的成員才依依不捨地結束了今天的拜訪。他們一邊走在回家的路上，一邊思考著自己的收穫，幾乎每一名回家的來訪者，都在想一個問題 —— 記好筆記就能當榜首？記筆記和當榜首又有什麼關係？這「榜首」也太容易考了吧。

一時間人們紛紛謠傳康友信自私自利，「他這是不想將祕方告訴別人哩」。好事轉眼就變成了壞事，康友信也十分無奈，後來他只好透過媒體將自己記在筆記本上的內容公布出來，這才打消了人們的猜疑，人們終於在記筆記和考榜首這兩者之間畫上了一個等號，一場風波也得以平息。大家紛紛開始討論康友信採用的「六步筆記記憶法」。

記筆記是每一名學生在學習的時候都必須親手操作的事情。筆記不僅可以幫助學生們進一步理解課堂上老師所講的重點知識，還可以產生累積複習內容、鞏固記憶成果的作用。只是，在課堂學習中，學生們記的筆記往往會因為時間因素和其他各種原因出現漏記、混亂、繁雜、重複等情況，這樣記出來的筆記就很難達到它應有的作用。

到底該如何記筆記呢？六步筆記記憶法要求學生們在記筆記的時候要做到以下六步。第一步：記筆記要趁熱。在學習的

時候，學生應手不離筆，一旦發現有需要進行記錄的知識點，就應馬上將其記錄到筆記本上。在這節課結束之後，學生們還要馬上對記下來的筆記內容進行記憶、回憶，如果有模糊不清又實在想不起來的地方，就要找到其他同學的筆記來作為參照。

找到可供參照的筆記之後，學生們就可以開始第二步：補充筆記內容。在整個課堂學習中，學生們一邊要跟著老師的講課進度，一邊又要抽空記筆記，在這種一心二用的情況下，筆記的記錄都會出現空缺、省略、用其他字元代替、簡化或者遺漏的現象。這個時候學生就應該一邊回想老師教授知識時的情形，一邊參考其他人的筆記，將筆記內容補充完整。

將筆記內容補充完整之後，學生們就要進行第三步：整理修改筆記內容。在這一步中，學生們應仔細審查筆記內容，將筆記中的錯誤問題、現象全部找出來，然後一一進行更正。在修改錯字、語病或者其他不準確的內容時，學生一定要特別認真，只有在反覆確認以後，才能進行修改，這樣做的目的就是為了保證修改內容的準確性。

保證了筆記的準確性之後，學生們就可以進行第四步：編、理筆記目錄。在這一步，學生們應挑選一種統一有序的數字或符號，將筆記的內容綱要整理排列成筆記目錄，使整本筆記便於查閱且有條理。在進行編、理的時候，學生們一定要將各節筆記間的順序排列梳理好，並為每一節筆記都標上與之對應的編號。

　　將筆記內容編理好之後，學生們就可以進行第五步：區分筆記內容。在這一步中，學生可以用不同顏色的筆或者符號將性質不同的筆記區分開來，這樣做的目的是為了使整篇筆記變得一目了然。比如：可以將解題方法以紅色筆標出，概念定義以藍色筆標出，疑問、難點問題可以用黑色筆標出，擴展、賞析內容則用黃色筆標出。

　　完成了以上的五個步驟之後，學生們就可以進行最後一步：刪除多餘、冗長內容。這一步就是讓學生將筆記中無關緊要的部分刪除掉，這樣做的目的是為了使整篇筆記變得更加簡明扼要。經過這六步整理之後，學生記錄下來的筆記就完全變了一番模樣，這種詳略得當、重點突出的筆記，自然可以幫助學生解決學習中遇到的大多數問題，而且還可以達到幫助學生學習、提升記憶力的終極目的。

第十節　課堂學習的分段記憶法

　　小芝最近從一位朋友那聽說了一種可以幫助記憶的記憶方法 —— 首尾記憶法。據說這種記憶方法可以迅速提升學生學習的效率，堅持使用這種記憶方法，還能考出非常優異的成績。一聽到這種記憶方法能夠迅速提升成績，小芝就心動了，他從朋友那裡弄到了這種記憶法的大致步驟，然後就迫不及待地將這種記憶方法用到了自己的學業之中。

　　一開始，這種方法是非常有效的。小芝堅持使用首尾記憶法一段時間之後，他的學習效率就有了非常明顯的提升，學習過程也變得更加輕鬆。如此優秀的學習成果讓小芝更加相信、依賴首尾記憶法，在他的心中，這種記憶方法已經悄然占據了非常重要的地位。

　　慢慢地，小芝越來越重視首尾記憶法的作用。每堂課的聽講中，他都會特別關注老師在開頭和結尾時講的知識內容，為了聽這兩段內容，小芝花費了大量精力。久而久之，在每節課的中間時段，小芝就沒有足夠的精力來用於聽講，這也讓他逐漸忘掉了老師在每節課中間階段所講的知識內容。起初，小芝並沒有意識到這件事的重要性，在他看來只要將精力花在每節課的開頭和結尾，就能達到學習目的。

　　一個月後，小芝的學習成績突然下滑，班級名次足足掉了

十幾位，這不單讓小芝大為驚恐，還引起了導師的注意。在導師的詢問下，小芝將自己的情況一五一十地講了出來。

聽了小芝的講述，導師馬上就找到了整個問題的癥結點 —— 過於重視首尾記憶法。症結告訴小芝，每節課的中間環節，所講的內容要遠遠多於首尾環節，不忽視首尾環節當然是正確、有益的，但卻不能只重視首尾環節，過度強調首尾環節的作用，這樣做只會造成反效果。

談話結束的時候，導師還為小芝介紹了一種新的記憶方法 —— 分段記憶法，這種記憶方法正好可以解決小芝當前所面對的難題。在分段記憶法的幫助下，小芝慢慢糾正了自己在聽課時所犯的錯誤，他重新分配學習重心，在不忽視首尾環節知識內容的情況下，重視中間環節的知識，最終使學習成績得到了穩步提升。

教育研究者認為，在一節為時 45 分鐘的課堂上，每分鐘所講的內容都很重要，開頭和結尾的內容是具備引導和總結性質的，因此是不容忽視的關鍵。而中間環節是老師對該節需要講解的定理、理論及重要知識點的深入分析、詮釋過程，所以這一環節的重要性同樣需要給予重視。

首尾記憶法的目的是讓學生們不要忽視開頭和結尾的內容，但這並不意味著不去重視中間部分所講的知識。所以想要合理地安排開頭、結尾及中間環節之間的關係，使學習、記憶過程做到「張弛有度、從容高效」，就應借用分段記憶法的力量。

　　課堂學習中的分段記憶法，將時長 45 分鐘的聽課流程分解為：開頭引導、中間論述和結尾總結三個時段。

　　第一時段也就是開頭引導時段，這一時段持續的時間大約為 5 ～ 8 分鐘，在該時段內，老師一般會先複習上一節課所講的主要知識點，然後對本節課所講的內容進行引導、提要，為本節課的講解做好鋪陳。

　　學生們應該在複習之前的知識點的過程中，主動調整自身的注意力及學習狀態，讓自己以輕鬆的心態跟隨老師的引導去回憶上節課已經學過的知識。在聆聽本階段所講授的知識內容，接受老師的教導時，學生們還要盡量找到老師在提要、引導過程中說明的該節課的教學要點，注意這些重點、要點之間的關聯，盡量做好學習新知識的心理準備，從而可以順利進入第二時段的學習階段。

　　第二階段也就是中間論述時段。該環節是整節課裡持續時間最長（約為 25 ～ 30 分鐘），內容最多的一個環節。

　　在這一環節中，老師會將該節所講的知識點，從點到線，由線到面地連線、編織成一個知識網路。在這個過程中，老師會借用板書解析例題或者以口述分析的形式將重要知識點及疑難問題一一解釋清楚，並會將解題邏輯及方法應用到具體的題目或範例上。

　　在這一時段的學習中，學生們應該從上一時段的輕鬆、被引導狀態轉變為專注、認真的最佳學習狀態。此時學生們要

將自己的思考充分活躍起來，保持大腦的活躍，最大限度地跟上、分析及理解老師所講解的知識，盡全力找到各個知識點之間的連結。如果可以將關鍵知識點和次要知識點區分開，集中精力聽取、分析、理解疑難問題，那該時段的學習效果就會變得更好。

　　第三時段也就是結尾總結時段，這一時段也可以稱為收尾時段。該時段的時間要略長於開頭引導時段，時間大約保持在 10 分鐘左右。在這一時段中，老師會對整節課所講解的知識點、內容重點做一個綜述、總結和概括，並安排該節課的回家功課。如果時間允許的話，還有可能會對下一節課做一些鋪陳、引導。所以在該時段中，學生們只要像引導時段那樣，跟著老師的引導進行記憶就可以了。

第七章

超級記憶術的應用

第一節　解讀詞義的記憶法

　　在大多數學生眼中，國文這一學科應該就是眾多學科中最簡單，也是最易學的一門知識。作為母語，我們從小就與華語、漢字等國文知識打交道，覺得國文「簡單」是人之常情。事實上，作為博大精深的漢字語言，國文是一門知識點、難點較多，且不易精深的學科，想要學好國文，除了擁有一定程度的漢字閱讀、理解能力以外，還要在日常生活中不斷地累積國文知識。

　　國文中有一門比較艱深的內容 —— 詞義。在華語中，有很多簡潔的短語、短句、詞語或成語，這些語句，往往只用幾個詞、字就能表達出非常豐富的含義。比如：四字成語，僅需用四個字就能表達出含義深刻且多層次的意思。想要理解、掌握這些詞語的詞義，就必須找到適合自己的記憶方法。

　　小艾就對國文詞義非常感興趣，他認為這些詞語短句中蘊藏的是整個華語文化的精髓。在求學期間，小艾就喜歡背誦、記憶一些成語詞彙，並在閒來無事的時候透過這些簡短的詞彙去思考隱藏在詞彙深處的意義。小艾有意識的記憶行為，讓他擁有了非常豐富的詞彙庫，這個詞彙庫使他的國文成績一直非常優異。

　　因為小艾的國文成績非常優秀，國文老師就建議他在閒暇的時候，能夠幫忙一下其他國文成績較差的同學。小艾對這個

任務非常感興趣，他將自己學習國文知識，理解詞義的方法整理出來，提供給其他國文學習成績較弱的同學們使用，並觀察這些方法在被其他同學使用時所產生的效果。幾經驗證之後，小艾終於整理出了一套行之有效的記憶方法 —— 詞義記憶法。

畢業後，小艾又查閱了與詞義相關的記憶書籍，發現他所總結的詞義記憶法還不夠完善，於是他又結合記憶書籍裡面所提到的記憶知識，將記憶詞義的訣竅再次融合、整理，並讓自己的兒子艾小星使用這種記憶方法。在這種記憶方法的幫助下，艾小星的國文成績一直很好，的確是他的班級裡名副其實的「國文新星」。

在國文學習中，如何破解、記憶詞義一直是一個比較困難的學習任務。為了解決這個問題，教育科學研究專家們先後研究、整理、編寫出了三種「巧記」詞義的方法。在這些方法的幫助下，詞義的理解、記憶也就變得輕鬆簡單起來。

這三種方法分別是：連詞變句法、轉換難字法、加深理解法。連詞變句法是借用有些詞語的特性，只需在詞語的中間或者前後加上幾個字，就可以將這個詞語變成含義清晰、直白的短句，而這個短句就代表著這個詞語的詞義。

比如：「夢想成真」也可以添幾個字轉化成「在夢裡想像的事情竟然變成真的了」；「爭先恐後」也可以添幾個字轉化成「爭著搶先走，唯恐自己落後了」等短句，這些短句所表示的含義就是詞語本身的意思。

　　轉換難字法是針對有些詞語中經常出現一個或者幾個生僻、難以理解的字，這些字的存在使整個詞語都變得更加艱深、晦澀了。不過，在記憶這種詞語的時候，只要將這一個或者幾個生僻字的含義理解清楚，整個詞語的詞義也就很容易理解了。

　　比如：「妄自尊大」這個詞，其中的「妄」字和「大」字就比較難以理解，透過查字典或者其他方法，我們了解到「妄」字是表示狂妄、過分的意思；「大」則表示誇大，因此整個詞語的意思就是過分地誇大自己，認為自己很厲害，肆意輕視其他人的意思。

　　加深理解法主要是針對那些詞義蘊藏較深，不能只從字面進行理解的詞語。在對這些詞語進行理解的時候，就需要展開更深層次的思考。比如「掩耳盜鈴」這個成語就不能簡單地理解成「摀著自己的耳朵偷鈴鐺」的意思，而是應該進一步理解成「摀著耳朵偷鈴鐺的行為只能欺騙自己，因為自己雖然聽不到聲響，但其他人是可以聽到的」的含義。

　　在理解有些成語的時候，還可以將成語的每一個字當作一個單獨的個體，然後將這些字的順序調換，調換之後所得的詞語就是這個成語的詞義。比如「深情厚誼」可以調換成「情誼深厚」，表示兩個人之間的情誼非常深厚的意思。「眉清目秀」也可以調換成「眉目清秀」，表示一個人長得好看的意思。

第二節　借用記憶法學習國文知識

　　一開始，在單宇雄幼小的心裡，一直都覺得「單宇雄」這個名字是特殊、雄壯且威武的，每當有人叫起這個名字，單宇雄都非常開心，對他來講，這可能比得到心愛的玩具還要重要。單宇雄是家中獨子，父母親人對他自然是百般呵護。當然，在這個由家庭親友所組成的小環境裡，單宇雄這個名字也從來沒有被誰讀錯過，但這種情況在他開始讀小學後，立刻就出現了轉變。

　　現如今，單宇雄對自己的「姓」已經是非常不滿意，因為「單」這個字的讀音多變，共有「ㄉㄢ」、「ㄕㄢˋ」、「ㄔㄢˊ」三種讀法，雖然這個漢字只有在讀「單」（ㄕㄢˋ）的時候才能代表姓氏，但難免會有人叫錯。雖然姓氏是沒有錯的，但這種被他人叫錯名字的感覺實在是讓人反感。單宇雄有時候也會想，為什麼一個字要弄出這麼多的讀音來？這樣做不是自找麻煩嗎？

　　也許是姓氏的原因，單宇雄從小就對國文這門科目產生了非比尋常的興趣。因為有興趣的支持，單宇雄的國文成績自然遠遠超出其他科目，但他並不滿意，他清楚地知道自己僅僅是學到了國文這門知識裡的一些皮毛。別的不提，就單說多音字這一內容，自己到現在都沒有找到合適的學習方法，只能透過

死記硬背這種笨辦法，來記憶一些考試時經常使用的多音字。

　　如何更進一步地學好國文知識，是一個一直困擾著單宇雄的大問題。在單宇雄的求學生涯中，這個問題顯得比其他任何問題都要重要。一直到單宇雄升上高中以後，他才逐漸找到了一些可以快速提升國文知識量，學習華語多音字的辦法。

　　經過單宇雄的親身實踐和努力，這些可以提升國文知識量的方法被一一驗證，單宇雄也從中整理出效果最好、最直接的兩種方法，這兩種方法還被他用在自己以後的國文學習之中。在這兩種方法的幫助下，單宇雄的國文程度突飛猛進。現如今，單宇雄不僅出版了自己的文學作品，還儲備了大量多音字知識。憑藉著深厚的知識量，單宇雄開始探尋屬於多音字的「專屬」祕密。

　　教育專家認為：國文這一科目的基礎是由字、詞等因素所組成的，只要能夠掌握更多的字與詞，增加字、詞的記憶量，就能不斷增強國文的知識量，強化、提升整體國文水準。在記憶語文中的字與詞時，可以適當地採用一種笨方法 —— 背詞典、字典。事實上，這種看似有些笨的方法就是記憶字、詞的最佳方法。

　　一說起背字典，很多人可能都會大吃一驚。認為做這種吃力不討好，且背誦任務如此艱鉅的事情，是十分愚蠢的。事實上，主動背誦字典這件事，看似工作量非常大，但只要我們可以將這件事分析透澈，那背誦的「量」反而就沒有那麼「大」了。

比如，我們選擇背誦《國語辭典》，這本字典共收錄了 10,000 多個中文字，相對於背誦一萬個英文單字來講，背誦一萬個中文字並不見得是有多麼的困難。畢竟《國語辭典》中收錄的字都是人們從小接觸的中文字，在記憶的時候自然也非常輕鬆、順暢。在背誦這本字典的時候，背誦者只需要按著「部首檢字表」一個字一個字地往下背就可以了。大約一週的時間就可以將整本字典裡的漢字全部背完。

再比如，背誦者如果選擇《多功能成語詞典》為背誦對象，想要將這本共收錄了 5,000 多條成語的詞典背完，背誦者只需要按照詞典的「筆畫索引」表來進行背誦即可。

等到將字典、詞典裡面的所有內容全部記住之後，背誦者就可以熟練掌握許多新的詞彙，很多原本模糊的地方也變得清楚了，有些原本被遺忘的詞、字又重新記了起來，整個國文的基礎再次變得扎實。等到寫文章的時候，這些詞語、典故自然可以信手拈來，文采也會有非常大的提升。

在背誦字典、詞典的時候，背誦者一定要挑選合適的、具有權威性的字典、詞典，切記不要盲目地規劃、嘗試不可能完成的背誦任務。最關鍵的是，背誦者在背誦字典、詞典的時候，並不需要將字、詞的釋義一字不差地完整記下來，而是只要在背誦的時候大略掌握字、詞的含義即可。

作為國文的一大特點，多音字與人們的日常生活息息相關。在國文科目中，多音字就是該科目的一大重點、難點。想

要熟練地記憶多音字，學習者就需要掌握一種特殊的記憶方法 —— 多音字組句法。

　　想要將多音字的含義全部弄懂，就要將該多音字在不同讀音時的不同意義搞清楚。比如多音字「靡」字在讀二聲的時候有浪費、奢靡的意思，在讀三聲的時候有倒下、萎靡的意思。

　　多音字組句法就是針對多音字的這種特性，將一個多音字的不同讀音串聯到一句話中，這樣，這個多音字的讀音及含義就變得一清二楚，且易於記憶了。比如「單」字，就可以組成這樣一個句子：「單（ㄉㄢ）身的單（ㄕㄢˋ）大叔，特別愛說話，他一有空就喜歡講有關單（ㄔㄢˊ）於的故事給同事們聽。」這樣簡單的一句話就能將單字的三個讀音全部記下來。

　　還可以用更直白的方式將多音字組成簡短句子來幫助記憶。比如「扒」字可以組成：「他扒（ㄅㄚ）開扒（ㄆㄚˊ）手的手，將自己的錢包搶了回來。」

第三節　提升數學基礎的記憶方法

　　魏先生是小鎮上唯一的一名專業會計師，精湛的業務處理能力讓他在短短的幾年內就賺得了一筆不菲的家業。正因為如此，也讓他成了在小鎮上寥寥可數的富裕人家。魏先生結婚後一直沒有孩子，為了能夠有一個孩子，夫婦二人想盡了辦法，費盡了心思。幸好皇天不負有心人，在魏先生即將 50 歲的時候，他的妻子生下了一名女孩。雖然是一名女孩，但魏先生還是非常高興。

　　魏小妹是一個聰明伶俐的乖巧女孩，她善於察言觀色，所以從小就很討人喜歡。上學之後，魏小妹的成績也非常不錯，再加上她非常聰慧討喜，因此一直都被老師指派為班級幹部。一轉眼，魏小妹上了國中，即將開始新的學習階段。

　　從進入國中學習開始，魏小妹就遇到了一個很難應付的難題。魏小妹的數學成績開始大幅度下滑，這讓她非常著急。魏小妹不懂為什麼會出現這種情況，她上課的時候明明一直都在認真聽講啊？其實，魏小妹的這種情況和大多數數學不好的孩子都有些類似，他們大都對數學欠缺必要的學習興趣。

　　在種種因素的制約之下，魏小妹只能在高中分文組跟自然組的時候主動選擇了學文組，試圖用這種方法來提升自己的數學成績，而這也是她唯一能夠想到的可行方法。雖然相對於自然組的數學而言，文組的數學是比較簡單的，但魏小妹的數學

成績依然不見起色。眼看就要升上高三，魏小妹也變得焦躁起來，萬般無奈之下，她只好厚著臉皮去數學老師那裡尋求幫助。

在得知了魏小妹的來意以後，數學老師脫口而出的一個問題讓她目瞪口呆。這個問題是：「從高一到高三的數學一共有幾冊？每一冊又有哪些章節？」看著魏小妹尷尬的表情，數學老師笑著解釋道：「只知道解題而不明白整個知識體系的分布，不能將所學的知識融會貫通，不能夠將題型歸納整理起來，沒有牢固的基礎，這就是妳現在所面臨的問題了。」

一番談話結束，魏小妹若有所悟，她在老師的指導下把自己學習的重點從解題上釋放出來，重新回顧之前所學的知識，將學習、關注的重點放在數學課本及數學筆記上，將各節、各章的知識重新整理，規劃清楚，反覆思索這些基礎知識的內容。即便是在解題的時候，她也是先將題目解析清楚，找出問題的關鍵和條件，探究該題考察的知識點，將這些全部弄懂之後，再進行解題。

魏小妹知道，這種學習數學的方法目的就在於提升數學知識的基礎。在這種方法的幫助下，魏小妹的數學成績有了非常大的進步，成績的提升也讓她對數學的學習興趣不斷上升，從根本上解決了她在學數學時所面臨的難題。一年後，魏小妹以優異的成績考進了好大學，成功轉型為他人所豔羨的資優生。

教育專家認為，提升數學的基礎能力是非常重要的，在提升數學基礎的過程中，應該按照以下步驟來進行：

1. 首先，學生應該熟練地掌握高中或者該學習階段數學教科書有幾冊，每冊教科書內又有多少章節，每一章節內又有哪些重點知識。掌握了這一點，數學的基礎框架才能搭建完整。

2. 在掌握了基礎的數學知識框架以後，學生們就應該按照基礎框架的線索進行回憶，找到每一節、每一章中具有代表性的重點題型，留待下一步解決。

3. 完成第二步之後，學生就可以將數學基礎框架和各個章節的代表題型結合在一起，整理歸納成數學基礎學習的大綱，然後反覆地記憶這些數學基礎大綱知識。

4. 完成了前面的三個步驟以後，學生對數學知識基礎框架和基礎題型的解法已經有了一個深刻的理解，數學基礎已經初步掌握了。這時，學生就可以透過大量解題，透過不同題型的練習、演算來增強對基礎知識的理解，並在解題的過程中檢驗對基礎知識的記憶、熟練程度，等到將所有的基礎框架、解題邏輯全部牢記在心以後，第 4 步也就完成了。4 個步驟全部完成以後，學生們才真正將數學的基礎知識牢牢掌握。

教育專家認為，在學習數學的過程中，除了要打好基礎以外，還要將記憶和理解放在相對等的地位上。所謂的數學式「記憶 + 理解」可以分為三個階段：

1. 學生在抄寫習題或者解題方法的時候，應採用「機械式」抄寫法，這樣做的目的是為了讓學生們在抄寫的過程中先一步熟悉、強化對知識點的理解，然後在再次複習，思考該方法、

概念的時候，使自身產生一種熟悉的感覺，以「再次證明」的形式進一步加強對解題方法或知識點的記憶。

2. 在進行過「機械式」的抄寫之後，學生們就可以將經過自己「再次證明」的知識點、解題邏輯應用到實務之中。這一步驟不僅是對自我記憶效果的一次檢查，還相當於是把已經記憶的內容重新拿出來，進行新的學習和理解。從某種程度上來說，數學中的公式及知識點的記憶，都是在這一步驟中完成的。

3. 經過解題重新學習、理解、記憶之後，學生們就可以進行第三步了。在做完題目之後，學生們就應該對之前所進行的第 1、第 2 兩個步驟及其所掌握的知識點做一個深度總結，力求可以做到心中有數，能夠在解題的時候舉一反三。這樣一來，學生們在面對相似的問題或者題型時，只需花費很少的時間和精力，就能完成解答，極大地縮短了解題、答題的時間。

教育專家認為，學習數學還應重視三個要點，這三個要點分別是：

1. 例題應重複誦讀。在數學課本中，每一個例題都是學生們學習、記憶相對應的知識點、定理、概念、公式的最佳選擇。所以學生們在進行數學學習的時候，可以一邊誦讀例題，一邊自行演算，還可以將自己的演算過程放在誦讀之前，算完後再進行誦讀，這樣才能使學生解題的能力得到進一步的提升。

2. 概念要精讀。在數學學習中，每一個概念、定理都十分重要，因此學生們應該將這些定理、概念全部理解透澈。在

背誦的時候，要將概念中的每一個字都搞清楚、弄明白，這樣才能達到精讀、背誦的目的。在對概念進行深度精讀的時候，一般應該先仔細地閱讀一遍，在這一遍閱讀的過程中一定要做到仔細認真，等到將全部內容都搞懂之後，才可以大聲背誦、記憶。

3.「巧」讀重點知識。所謂「巧」讀重點知識的關鍵就在於一個「巧」字，這個「巧」字要求學生們在讀到關鍵的數學知識時，將重點、公式、結論等內容圈出來，將自己的理解、疑問，甚至質疑的內容備註在課本上的空白處，讀到不懂或者疑惑的地方還要打上問號，以便於可以在閒暇時間裡請教老師或者同學們將其解決。如果讀到不懂的地方，就可以先打上問號，然後將不懂地方跳過去，繼續閱讀後續的內容，很可能在讀到後面敘述的內容或者提示以後，就能將前面的知識也搞懂了。

在學習數學知識的時候還可以使用列表的方式來幫助記憶。在數學課本中，就有很多描述清晰易懂的概念性表格，這些表格可以將具有相似性、可比性或者相反的知識點清楚地排列出來。這種清晰明瞭的表現方式很容易在學生們的腦中留下深刻的印象。所以，學生們不妨在記憶各個知識點的時候嘗試一下列表法，透過自己列表格的方式將知識點進行歸納總結，以此來增強記憶效果。

教育專家認為，學生們還可以透過寫數學日記的方式來提

升自身的邏輯能力及「數學智商」。那麼該怎麼寫數學日記呢？教育專家們認為，想要寫好數學日記，就要做到以下三點：

1. 在寫數學的日記的時候，一定要寫上當天所學的數學知識點，並加上自身對所學知識內容的理解。

2. 在寫數學日記的時候，要將容易混淆的知識點或者概念區分開來，將相同的知識內容重新歸類。

3. 要嘗試著寫出學習數學知識的心得體會，或者將某個數學知識點在生活中的實際應用寫在日記裡，還可以將自己在學習數學時的真實心態、心理變化寫在日記中。完成這三個步驟以後，寫數學日記的目的也就達到了。

第四節　提升英文成績的記憶方法

　　大學考試可以說是學習生涯中競爭最為激烈的一次考試。這場考試是「殘酷」的，每一年都會有考生因為沒有考出理想的成績而選擇重讀，力求在下一次大考中能夠正常發揮，考出自己想要的分數，考上自己心儀的大學。李婉玉就是今年重讀生裡的一員。

　　李婉玉和其他主動重讀的學生不同，她本來是不願意重讀的，在她看來，自己已經沒有考大學的希望了。李婉玉清楚地知道，自己的英文成績實在太差，往往只能考十幾分，這樣的英文成績別說是考上理想的大學，即便是一些二流學校，她的成績都難以過關。

　　李婉玉的家庭狀況很不錯，她的父母在當地可是知名的人物。因為李家世代經商，李婉玉的父母親常年在外奔波，很少有時間可以關照她。這次李婉玉大考失利，她的父母親一直很自責，他們想盡了一切辦法才終於說服李婉玉，讓她上學重讀，準備應對下一年的考試。

　　李婉玉的父母也很清楚英文是她學習上的弱點，以前夫妻二人沒有時間陪伴孩子，現在卻拿出了大把的時間和金錢來為李婉玉想辦法。夫妻二人先後找了許多家英文補習班，從這些補習班中挑選了一位最專業的英文教育專家，讓這名專家成為

李婉玉的兼職家教，要求他務必要在大考前讓李婉玉的英文成績有所提升。

　　這名英文專家很有責任心，他認為學習英文除了必要的語言環境和不間斷的練習之外，合適的學習、記憶方法同樣非常重要。李婉玉之所以英文成績極差，就是因為她欠缺這三個因素。針對李婉玉的情況，這位專家專門為她設計了一套合適的英文學習法，他讓李婉玉在家裡的家具和生活用品以及可以接觸到的各種事物上都貼上英文標示，以這樣的方法來潛移默化地提升李婉玉的英文程度。

　　除此之外，這名英文專家還為李婉玉介紹了很多英文記憶方法，在這些方法的幫助下，李婉玉的英文成績不僅在很短的時間內有了大幅提升。結果，李婉玉在第二年的大學考試中突飛猛進，順利考出了優異的成績，考進了心儀的大學，並且在大學學習過中將英文檢定考試考到了最高級，還因此擔任了這所大學裡的新一屆英文學習交流會的會長。

　　教育專家認為，英文作為一門語言科目，將其融入生活的細節中是學會它的關鍵。在現實生活中，很多學生的英文程度都參差不齊，所以學生們在將這門語言融入生活中的時候，也應該根據自己的情況找到不同的著重點。

　　比如：學生可以根據自身的學習情況來挑選出自己最需要記憶的單字或者片語，然後將寫有這些單字或者片語的紙條貼在相應的事物上，這樣只要自己有需要使用或者看到這些事物

的時候，就能馬上看到相應的英文單字，看得多了，這些陌生的詞彙就會被牢牢地記住。

　　背單字是學習英文的首選方法，在課堂學習中，學生們記憶單字時使用的就是這種記憶方法。在使用這種記憶方法的時候，學生們應該先大聲地朗讀單字的發音，然後將組成單字的字母拆開，按拼寫順序一個字母一個字母地讀出來，這樣背誦、記憶的效果就會得到提升。

　　在背誦單字的時候，還可以根據組成單字的音節結構，將單字分解成幾個相連的音節小組，在背誦的時候按照音節的先後順序進行背誦，這樣也可以產生幫助記憶的作用。背單字的時候還要探尋單字與單字之間的關聯、規律，將有關連或者相近的詞語連繫在一起進行記憶，這樣才能夠建構出合理的英文單字知識體系，取得強化記憶的效果。

　　英文單字也像華語詞語那樣有著豐富多樣的含義，有些單字的含義甚至多達十幾種。在記憶這些單字的含義時，學生們不要死記硬背，應該借用英文語境來進行記憶。在使用這種記憶方法的時候，首先要將需要記憶的單字的詞義一一列舉出來，然後根據這個單字的每一個詞義分別列出一個例句，再對這些具備不同含義的詞句進行記憶。

　　這種記憶英文單字詞義的方法不僅可以避免混淆，還可以讓原本孤立的單字融入一個個不同的英文語境之中。在記憶這些不同的英文語境時，學生的腦海中就會產生不同的影像，這

些鮮活的影像可以對大腦產生更強烈的刺激，進一步加強記憶的效果，使學生可以順利地將單字的詞義記得一清二楚。

不論學生、家長還是老師，都知道記憶知識的最佳時間段是在每天的清晨和每晚入睡前這兩個時段。那麼，在學習英文的時候應該怎樣利用這兩個時間段呢？教育專家認為，每天即將睡覺之前，學生應該將當天所學的英文知識、單字及例句分成兩列抄寫在空白的紙張或者筆記本上，抄寫完成之後，再閉上眼睛回憶一番，然後什麼都不要做，馬上上床，準備睡覺。

等到第二天早晨醒來以後，學生先不要去做其他雜事，馬上開始回憶前一天臨睡前在紙張或本子上記下的單字和例句，不管記憶的效果和記憶的順序如何，都先將回憶起來的例句和單字抄寫出來，等到實在想不起來的時候，再開啟昨天晚上抄寫的內容，將沒有記住的單字及例句找到，重複抄寫兩遍，就能有非常牢固的記憶了。

在即將考試的大複習中，英文的複習重點應該放在英文課本的單字詞彙表上。對英文考試來講，這些課本上的單字詞彙表才是真正的基礎。針對英文課本詞彙表上的單字來說，背誦過程應該分為二個階段：第一個階段在平日的學習中完成，學生們在每天或者每一堂英文課時內背誦數個詞彙表上的單字。背完之後進行默寫，並將記不熟或沒記住的單字標出來，留到第二天背誦。

第二個階段的背誦過程一般在階段性複習或者大複習的時候完成。在這個時候，學生們每天或者每一個英文學習課時應背誦

一定數量詞彙表上的單字，背完之後馬上進行默寫，將沒有記住的單字記在隨身攜帶的小本子上，盡量做到隨時隨地進行記憶。當然，學生也可以根據自己的情況來安排每天的背誦量，只要在背誦結束後記得隨時抽查、默寫，重新記憶沒有記住的單字即可。

在英文學習中同樣有大大小小的難點。比如說：很多動詞和介係詞短語的意思和原動詞、介係詞的意義是不同的。在這種情況下，學生們就應該使用摘錄法來解決問題。英文學習中的摘錄法應該這樣使用：學生們準備一個專門的英文筆記本，在本子內寫上動詞短語、介係詞短語、名詞短語及其他短語等幾種分類。然後將平時出現、使用頻率高、搭配多、易混淆的短語及中心詞寫下來，放在各自分類的後面。

學生在抄寫完成之後，就對這些寫在筆記本上的詞彙加以整理，在今後閱讀的過程中遇到的相關短語也要及時摘錄到合適的地方。學生們還可以在每一個短語後面造一個簡短的例句，這樣，學生們的複習過程就會變得更有條理。

文法在英文學習中同樣是一個難題，想要有好的英文成績，文法必須要過關。怎樣學好英文文法呢？我們可以透過以下三個步驟來達到目的：

1. 誦讀文法書籍。學生們可以借用寒暑假的時間來誦讀一本簡單的英文文法書籍，即便是粗讀一遍，都可以使這些文法知識在自己的腦海裡形成一個知識體系，以此來加深自身對文法知識的理解。

　　2. 誦讀過文法法書籍之後，學生們就可以透過大量的習題練習來找到自己的文法知識薄弱點。比如：可以將配套的練習冊從頭到尾地做一遍，做完之後對照一下語法書籍，就能找到自己在文法學習方面的薄弱點。

　　3. 習題做過之後，學生們還應該將文法書籍隨身攜帶，將這本文法書當成字典來使用，每當遇到自己不能解決的文法問題，就可以將這本文法書拿出來查詢解決問題的方法。如果可以的話，學生們盡量將文法書上的目錄牢牢地記在心裡，以便於縮短查閱時間。

　　背誦英文課文同樣有專門的記憶方法，這種記憶方法分為 5 個步驟。第 1 步，學生們在背誦前先不要著急開啟書本，而是應該將需要背誦課文的錄音找出來，將與課文內容相對應的錄音認真地聽一遍，聽的時候要集中精力，盡量在腦海中將聽到的英文轉換成中文意思。這樣一遍過後，就能在腦海中留下第一印象（中文形式印象）。

　　聽過第一遍之後，學生要繼續聽第二遍。這一遍，學生要將精力放在錄音中的英文詞句上，在腦海中盡量回憶聽到的英文詞句是由哪些單字所組成的。一遍結束之後，學生就能在腦海中留下第二印象（英文形式印象）。

　　留下這兩遍印象之後，學生就可以進行第 2 步。這一步要求學生開啟書本大聲、反覆背誦課文，而且一定要朗讀到比較流暢的水準。可以流利地朗讀之後，學生就應該進行第 3 步。

在這一步裡，學生需要合上書，在心裡默默背誦課文內容或者在紙上默寫課文，在回憶的時候，學生可以按照這篇文章中的時間、地點、人物、發生了什麼、有什麼結果等因素來進行回憶，並將回憶起的內容翻譯成英文。

回憶結束之後，學生們就可以進行第 4 步。在這一步學生可以將書本開啟，重新朗讀課文內容。在這一步的朗讀中，學生要將自己剛才回憶時的錯誤找出來，將這些記錯的內容當成此次背誦的重點，力求做到完美記憶。完成前 4 步之後，就可以進行最後一步 —— 合上書，背誦全文了。

在記憶英文的時候還可以借用色彩來提升記憶效果。這種方法其實就是在英文學習的過程中，使用不同顏色的筆來標註知識要點。這樣就能用不同的色彩來達到刺激醒目的效果，並以此來提升學生的記憶能力。

在使用這種方法時候，學生可以根據自己的喜好選擇自己想要的顏色。在進行標註的時候，可以用畫波浪線、標註三角符號、畫單雙線、齒輪線等線條及符號來完成。標註完成之後，這些知識點在黑白相間的課文中異常醒目，可以在學生複習的時候產生很好的引導、幫助作用。

學生還可以在複習過標註的重點知識以後，用黑色的筆將彩色的標註符號、線條塗掉，這樣不僅能讓學生們清楚地掌握自己複習的進度，還可以讓學生將注意力集中在沒有複習到的知識點上，提升學習效率。

第五節　解決物理難題的記憶方法

　　穆蘭和尤冉是很要好的朋友，兩人從小學開始就在同一間學校，同一個班級，甚至連座位都被排在一起，這使得她們比親姐妹還要親密。升上國中以後，學業日漸繁重，尤冉從小數學成績就不好，每次考試都考得一塌糊塗，這是她最煩惱的事情。穆蘭和尤冉的情況稍微有些不同，她的數學成績還不錯，但她的物理成績一直很差。

　　有一次，穆蘭和尤冉兩人看到了一篇關於古人刻苦學習的文章，這篇文章讓兩個小女孩很受感動，她們決定相互鼓勵、幫助，一起將落後的功課補上。尤冉的數學成績不行，使得她的物理成績也很差，顯然她要花費的功夫比穆蘭更多一點。尤冉和穆蘭的年齡畢竟還很小，在沒有他人幫助、指導的情況下努力學習，只能使用死記硬背，硬啃書本的笨方法。

　　因為穆蘭的數學有一定的底子，所以她當下重要的就是提升物理成績。於是穆蘭就一直堅持背誦、朗讀、研究物理課本，她的行為還在無形中影響到了尤冉。尤冉一開始是先攻讀數學的，但受到穆蘭的影響，她就先放掉數學，轉而攻讀物理。兩人堅持不懈，相互鼓勵，竟然也努力學習了好幾個月。時間在刻苦學習的時候總是過得很快，一轉眼，就到了期中考試的時間了。

　　考試前兩人都信心滿滿，但考試的結果讓二人十分喪氣。尤冉這次考試的成績雖然比上次稍微好了一點，但成績上升的程度十分有限，完全與她刻苦學習時付出的努力不對等。穆蘭的情況比她稍微好一點，但她的物理成績也沒有得到明顯的提升，這讓兩個人非常懊惱，各種接踵而來的負面情緒差點壓垮了她們的信心。

　　為了能夠在期末考試的時候考出優秀的成績，穆蘭和尤冉咬牙決定去找其他成績優異的同學請教。在其他物理、數學成績優異的同學那裡，兩人或多或少地得到了一些「指點」，但這些指點還遠遠不夠。兩人又找到了科任老師尋求幫助，在老師的幫助下終於找到了問題的癥結所在。

　　物理老師告訴她們，學物理只靠死記硬背是不行的，物理的研究基於數學，物理中的很多運算都必須借用數學知識，所以想要學好物理，首先要有不錯的數學成績。尤冉的數學成績很差，所以應該先將數學基礎補好，然後再解決物理問題。穆蘭雖然數學成績還可以，但物理的學習、提升，不需要太多的死記硬背，這門科目更需要清晰的思路、大膽的想像和巧妙的方法。

　　在老師的建議下，穆蘭和尤冉都找到了自我提升的可行方法。在學習的過程中，兩人還使用了許多巧妙的記憶方法。在這些合適的記憶方法的幫助下，兩人物理、數學的學習過程也變得輕鬆簡單起來，一段時間後，二人的學習成績都得到迅速提升。

　　教育專家認為，物理這門科目可謂是國中學習中最難以理解和學習的一門科目。導致這種結果的原因有兩種：第一，物理與數學息息相關，數學成績差，物理就不可能學得好；第二，物理是探究萬物原理的學科，因此知識體系中有很多知識都描繪得非常抽象，在學習的過程中也就需要很強的想像力。

　　那麼，到底該如何學習物理知識呢？學物理首先要做的就是打好數學基礎，然後要形成學習物理知識的邏輯。那又該如何形成物理學習的邏輯呢？學生們首先應該在課堂上學習、掌握老師的邏輯脈絡。一般情況下，學生們都應該養成記課堂筆記的學習習慣，在物理課上，課堂筆記上記的就是老師教授物理知識時的邏輯。只有在課堂上努力跟上老師的思路，盡量將這種邏輯記在自己的腦海中，才能慢慢地將這種邏輯轉換成自己的，以此來提升自己物理學習時的效率。

　　有些同學在記憶了老師講課時的邏輯以後，就會發現老師講課時的邏輯一般是有詳也有略的，這些「詳細」和「含混」的地方很可能與學生的思考方式不同，學生接受、吸收的時候也會出現一些問題，老師的邏輯就變得艱澀、難懂起來。這個時候學生應該透過學習課本、書籍上的邏輯來作為補充、完善，盡量使自己的思路可以前後貫通、更加清晰。

　　比如，學生們可以閱讀有刊載物理科普內容的報章雜誌，透過報章雜誌中講解的邏輯和方法，將課堂上沒有弄懂的地方搞清楚。這種藉助書籍、報刊的方法，目的性非常明確，很容

易讓學生在這些書刊中找到自己想要的答案，慢慢地就將書刊中的邏輯轉變成了自己學習物理時的思考方式，從而逐漸形成物理學習中的良性循環。

在做到以上兩點以後，學生們還應該借鑑其他同學的思路。如果班級裡的學習風氣很不錯，學生們彼此之間都願意互幫互助，學生與學生之間進行的學習探討就很有意義了。要知道，同樣年齡層之間的想法和邏輯是很容易被另一方所理解、接受的，在同學的幫助下，自己學習物理知識的思路就會更快、更順利地形成。

最後，學生們只要將出題者的邏輯弄懂，就算徹底將「學習思路」的問題搞定了。學習物理知識的目的當然是為了解題，學生們應該與出題者進行換位，設身處地思考問題，只要將出題者的出發點，使用了哪種知識點，在哪裡故布疑陣，又有何目的搞清楚了，就等於搞懂了出題者的想法，如此一來，解題的邏輯自然也就變得清晰明瞭了。

抽象、邏輯縝密的物理知識點同樣是物理學習中的一大難點。教育專家認為，記憶物理知識概念的時候，應該做到以下幾點：

1. 應對物理概念進行歸納、總結、比較。在記憶物理概念的時候，學生們可以將同一類型的物理現象的共通點找出來，將不同的地方進行比較，然後做一個總結，這樣就能加深對物理概念的理解。

2. 雖然物理概念是抽象的，但物理概念描繪的就是世間萬物運行的規律，在記憶這些概念的時候，可以將概念融入實際的事件、範例中加以理解、記憶，這樣就能將物理概念牢牢地記在腦海之中。

3. 準備一張白紙或者一本筆記本，將物理學習中經常遇到的容易混淆的知識點整理記錄下來，在記錄的時候，每張紙上只能記錄一個物理問題，千萬不要將兩個問題記在一張紙上。記錄完畢之後將該問題相關的知識、考題、解題方法、學習心得等寫在問題下面。用這種方法來加深對概念的理解和記憶。

在物理學習過程中，老師或者課本上也會總結一些簡單、琅琅上口的知識口訣，這些口訣容易記憶，也容易引起學生們的聯想，所以在學習物理知識的時候，學生們可以自己進行嘗試，將物理知識點整理編寫成口訣，以此來幫助記憶。

比如：在記憶靜電場中有關的電場強度、電場力、電力線以及正負電場力及電能變化，電勢大小與電力之間的關係時，就可以歸納成這樣的口訣：電場力的方向，場強方向、正電荷同向、負電荷反向；正電場力、電勢能減少、負電場力功增強，電力線方向與電勢降落方向相同。

學習物理知識還要學會抓住重點。在抓重點的時候，學生們首先要記憶一些典型的物理範例，以此來幫助記憶。比如：物體的重心有可能是不在物體本身上的，圓環就是其中的典型代表。再比如衛星運行的各種參數與衛星的質量、體積、速度

等因素無關，同步衛星就是其中的典型代表。

　　學生們還可以透過物理現象來增強自身對物理知識的理解。比如：物理課本中的蒸發是需要吸收熱量的，學生們就可以透過在自己皮膚上擦酒精，然後明顯感到有涼意的現象來幫助自己理解。還可以透過彩虹、霓虹燈來解釋光的色散現象等。

　　學生們還可以用歷史範例來幫助記憶物理知識。比如：學生們在記憶阿基米德原理的時候，就可以透過聯想阿基米德在洗澡的時候找到了檢驗皇冠是否是純金的方法來加深對該原理的印象。學生們還可以透過各種設計好的實驗儀器或者設備來進行實驗、分析，這種動手操作、親自觀察的行為對記憶的幫助非常大，記憶的效果自然就很好。比如：凸透鏡成像的實驗就可以幫助學生們記憶凸透鏡的原理。

　　雖然學物理不提倡死記硬背，但並不意味著物理知識是不需要背誦的。學生們在記憶一些必須背誦的知識點時，應該借用「說背」的方法來進行背誦。這種記憶方法需要學生將課本上的所有公式、定理、定義、例題都背誦下來，然後在做題的時候按順序說出題目、念出求解，說出題目中已知條件和未知條件，最後找出解題的邏輯。

第六節　提升化學成績的記憶方法

　　徐兆興最近很煩惱，他覺得自己是真的昏了頭。分班的時候，徐兆興按照父母的意願選擇自然組。事實上，這也是徐兆興自己願意做出的選擇。徐兆興從小就非常排斥背課文這件事情，這也讓他的文史成績變得一塌糊塗。在徐兆興看來，能夠讀自然組是再好不過的事情，可等到上過兩節化學課以後，他就開始唉聲嘆氣起來，還經常一個人碎念道：「看來自己還是沒有從背課文這個『魔爪』中逃出來的希望囉！」

　　文組理組已經選定，徐兆興也沒有其他好的辦法，而自然組的背誦量畢竟是遠遠小於文組的，所以徐兆興決定咬咬牙克服困難，總不能臨陣退縮，做個逃兵吧。徐兆興的父母對他的學習雖然一直很關心，但二老都是第三類組出身，這讓他們很相信徐兆興的理科能力，並不認為他會在理科學習中遇到無法跨越的障礙。

　　徐兆興性格沉穩，他是一個肯努力的人，雖然不太喜歡文科，但他從小到大背誦課文的經歷也不少，將其整理一下也稱得上是一些學習經驗。在學習化學知識的時候，徐兆興就按照兒時背課文的經驗一點一點地「啃」。對徐兆興來講，這也是學化學的唯一辦法了。時光匆匆，一個學期過去了，期中考試的成績出來以後，徐兆新的臉色就一直很難看，他的化學成績的

排名竟然是班級倒數！這讓他難以接受。

　　晚上放學回家以後，徐兆興的母親很快就察覺到了兒子的異樣，在她的親切詢問之下，徐兆興一五一十地將自己在學習中遇到的困難講了出來，看著兒子滿臉灰心喪氣的樣子，徐兆新的母親只是勸了句「慢慢來，別多想」，然後就起身離開了。等到徐兆興一個人在客廳裡待了半個鐘頭以後，徐兆興的父親才慢悠悠地端著茶杯走進了客廳。

　　看到徐兆興的情緒已經基本穩定，徐父直接了當地開始了這場只屬於他們二人的父子談話。徐父先問了徐兆興幾個問題，大致了解了他在學習化學時的狀態，然後又問了他學化學時所使用的方法。

　　全部弄清楚之後，徐父才告誡徐兆興說：「化學可謂是理科中的文科，你花時間背誦是沒有錯的，但你背誦時選擇的方法不對，而且你還忽視了化學知識裡上下之間的關係、體系。化學知識看起來很多、很雜，但其實各個知識塊之間的關聯是非常緊密的，很多看似並列的知識點實際上是上下遞進的關係，而且你對化學實驗也不太用心，經常忽視化學實驗的步驟和內容，只知道死記硬背原理、概念，這樣是不可能學好化學的，這就是你學習時遇到的問題了。」

　　徐父將徐兆興遇到的問題剖析清楚以後，又導正了他學習化學的心態，還將自己當年學化學時經常使用的幾種方法總結出來，傳授給他使用。在徐父的幫助下，徐兆興慢慢掌握了學

習化學知識的方法，一步步將化學知識體系和化學規律熟練掌握，成功地提升了化學成績，成為班級裡化學成績最優秀的學生之一，並在第二年擔任了所屬班級裡的化學小老師。

　　教育專家認為，想要學好化學，首先就要掌握國際化學用語。所謂化學用語，就是用來表示物質結構和變化規律的簡明語言，這種化學術語能夠在學生學習化學知識的時候產生非常大的作用。那麼，又該如何掌握化學用語呢？

　　想要掌握化學用語，就要做到以下幾點：

　　1. 首先要按照規範使用化學用語。比如，化學元素符號是化學用語中的基礎用語，這種用拉丁文來表示化學元素的固定符號，在使用及書寫的時候一定要按照第一個字母大寫，第二個字母小寫的要求嚴格書寫。同樣，在使用其他化學用語的時候，學生們也要像使用元素符號那樣嚴格、守規則。

　　2. 學生們應該掌握化學用語的分類。比如：表示元素或原子的元素符號、表示離子的離子符號、表示原子結構的原子結構示意圖、表示物質及其組成的化學式、表示化學反應的化學方程式、表示離子化學反應過程的離子方程式等分類。

　　3. 學生們還應該透過化學符號理解該符號所代表的含義。比如：在一個離子或者原子示意圖中，代表化學元素的字母後面的小圓圈、圓圈內的數字、圓圈後面的弧線、弧線上中間的數字都具備自身的含義，這些意義一定要清楚、明白地掌握。

　　化學用語就相當於化學知識的基礎，就像是中文詞語和英文單字一樣，只有在學習的時候將這些基礎知識完全掌握，那才能在學習化學這門學科的時候事半功倍，才能攻克化學這門學科中的其他難題，真正將化學知識掌握、銘記在腦海裡。

　　在記憶化學方程式的時候，還可以藉助各種有意思的成語來幫助記憶。比如，很多學生在學習化學知識的時候都會將化學教材中的四大反應：分解反應、還原反應、置換反應和化合反應的化學方程式相互混淆，在這裡我們就可以將其轉換成相對應的成語來進行記憶，整個記憶就會變得有趣且有效。

　　比如：分解反應是由一種物質生成兩種或者兩種以上物質的反應，這種反應的化學方程式一般表示為：$AB=A+B$。這個方程式不就是將一個整體 AB 轉換成為零散的 $A+B$ 嗎？所以就可以用化整（AB）為零（$A+B$）這個成語來幫助記憶。

　　再比如：兩種或者兩種以上的物質生成一種物質的反應被稱為化合反應。這種化學反應的方程式一般表示為：$A+B=AB$，A 和 B 本來是兩個互不相干的單獨元素，但兩者經過反應以後就變成了一種穩定的新元素，正好可以用「水乳交融」這個成語來形象地比喻這個反應，只要想到這個成語，就自然可以想到與之相對應的化合方程式。

　　由於化學這門科目的基礎知識比較零碎，所以老師在課堂上所講的知識點也比較多、比較散，這就導致很多學生的化學筆記都是按照上課時間的先後順序來進行記錄的。但按照這種

方式記錄的化學筆記在複習或查閱筆記的時候不但會顯得非常混亂、繁雜，而且還會浪費大量的學習時間。

因此，學生們在記錄化學這門科目的課堂筆記時，就可以先選擇一個活頁筆記本，在每一頁上只記錄同一類的化學知識。這樣就可以按照自己的區分標準或者章節順序將平日裡的學到的化學知識分門別類地記錄在筆記本上，并然有序的筆記自然也易於隨時查閱或新增新的知識內容。

在學習化學知識的時候，學生們還可以充分發揮自我想像力，將有些化學知識編寫成生動有趣的謎語來幫助記憶。比如：一氧化碳的方程式是 CO，就可以編成這樣的謎語：「左側月亮彎彎，右側月亮圓圓，彎月能點燃，圓月可助燃，有毒沒有味，還原也能燃。」這樣不僅增添了學習的趣味，還使記憶的效果變得更好。

在記憶繁雜的化學知識時，學生們還可以先把知識點理解透澈，然後選擇概念定理中的關鍵詞、字來進行記憶，可以將這些關鍵的詞、字整理成一句話，或者將這些詞、字整理成幾個要點，然後填寫在表格當中，以此來幫助記憶。

在學習化學知識的時候，還可以使用「專題總結」的辦法，這種方法要求學生們在平日裡的學習中，尋找掌握不完全或者沒弄懂的化學知識點，一旦找到這些缺漏，就馬上將相關的化學知識整理成一個專題。學生們在整理的時候一定要充分使用從課本上學到的知識，這樣不僅可以將不懂的知識搞懂，不熟

悉的知識弄熟，還能建構起完整、順暢的化學知識體系，使學生對化學這門科目有一個清晰完整的了解。每一次專題總結的行為，都相當於重新、細緻地將化學知識複習了一遍，這種學習方法的效果自然是非常好的。

第七節　提升歷史成績的記憶方法

　　林家是一個大家族，整個家族的叔伯姐妹們加起來有好幾百人，林家一直秉承了家族的傳統，依然保留有「大家長」這個位置，雖然「大家長們」不再管事，但在家族中的輩分和威望依然很高。林潤然是林家的長子，這個身分要是在古時候，那可是繼承林家家業的唯一繼承人，只不過現在社會中不再流行「長子」這個說法，這個身分也就像「大家長」那樣失去了本該擁有的作用。

　　林家本是耕讀傳家，近幾年隨著社會的潮流，很多人都去做生意了，把「耕」徹底丟掉了，不過這個「讀」一直是林家的傳統。每隔三年，林家都要舉行家族內部的文學測試，以此來激勵後代子孫。每次測試的第一名可以領取一份非常豐厚的獎品，並且會將的一名的名字填寫進供奉在祠堂內的《榮譽冊》裡。對林家的孩子們來講，他們人人都想得到這份獎品，在每三年一次的祭祖大會上大大地出一次風頭。

　　林潤然的成績一直不錯，他已經連續在祭祖大會上奪得了三次榜首，這讓他成了其他林家人眼中的「文曲星」。對林潤然來說，他更在意的是那一筆豐厚的獎勵，為了能夠將這筆獎勵牢牢地控制在自己手中，林潤然毅然而又決然地選擇了就讀文科。對於林潤然的志向，林家長輩是非常支持的，但是林潤然

的求學生涯並不順利。

　　林潤然被歷史這門科目難倒了，他從沒有想到高中歷史需要背誦這麼多內容，厚厚的幾本書裡，大量的人名、地名、年代、政策、事件讓他頭昏腦脹。即便是花大把時間將這些知記憶下來，還是不足以應付考試，還要將歷史教材中的注釋、選讀全部記住。這樣一來，學歷史可就成了一件難事，整天背得頭昏眼花不說，學習的成果還很差，這種完全不對等的回報，讓林潤然萬分沮喪。

　　好在林潤然生性活潑，他積極地調整了自己的心態，並四處尋找歷史學習的可行方法。為了能夠找到適合自己的學習方法，林潤然廢寢忘食地查閱資料，他甚至還主動請求自己的父親幫忙。在父親的幫助下，林潤然陸陸續續地找到很多記憶方法，他並沒有貿然使用，而是又找到了歷史老師，在歷史老師的幫助下，挑選了幾種最適合歷史學習的記憶方法。

　　在這幾種記憶法的幫助下，林潤然記憶歷史資料的效率果然飛速提升，歷史成績也突飛猛進。大量史實、史料不但豐富了林潤然的人生閱歷，還讓他在為人處世的時候顯得更加成熟穩重，慢慢折服了其他林家少年，以其獨有的個人魅力，成了林家新一代的領軍人物。

　　教育專家認為：在學習歷史學科知識的時候，可以借用一些數學中的思維方法，這樣還可以使歷史知識的記憶變得更加有效。在記憶歷史知識的時候，可以借用數學公式法，比如幾

乎所有的歷史事件都可以總結成一個公式：事件＝時間＋地點＋事情的經過＋事件的結果＋後續產生的影響，在記憶歷史事件的時候就可以按照這樣的公式進行記憶。

　　歷史人物也可以用數學公式進行表述，例：歷史人物＝所處時代＋擔任職務＋有何作為＋歷史評價。歷史文獻也可以用公式進行表示，例如歷史文獻＝作者＋完成著作的時間＋作品的內容＋對時代的影響。歷史中的重大會議也可以用公式的形式進行表示，例如歷史重大會議＝舉行會議的時間＋地點＋參加會議人物＋會議的內容＋對時代產生的影響。

　　歷史上簽訂的條約也可以用公式進行表示，比如說歷史條約＝簽訂的時間＋地點＋簽訂者的身分＋條約內容＋產生的時代影響。歷史上的重大改革也可以用公式進行表示，如重大歷史改革＝改革時間＋主導人物＋改革內容＋產生的時代意義。歷史上發生的重大戰役也可以用公式表示，如重大戰役＝發生時間＋作戰雙方＋戰鬥的經過＋戰後產生的影響。

　　在學習歷史知識的時候還可以使用數學計算的方式來記憶歷史年代，比如說使用「數字平方法」來記憶歷史年代。如波斯在西元前525年征服埃及，這個西元前525年的前一個數字的平方數正好與後面兩位數字的數值相等；636年，阿拉伯帝國與拜占庭發生會戰，這次會戰的時間同樣可以用「數字平方法」幫助記憶。

　　在記憶歷史年代的時候，學生們還可以透過尋找數字特徵

的方法來幫助記憶。比如有些歷史年代的數字是對稱的，如西元 383 年的淝水之戰，西元 1616 年的後金建國，西元 1818 年馬克思誕生，西元 1919 年「五四運動」等，這些年代的數字都有重疊的特徵，在記憶的時候可以特別注意，記憶的效果也會更好。

很多歷史事件發生的時間也有規律，如果學生們可以在學習的過程中充分運用思維，找到這些歷史年代或者事件時間之間的規律，也能取得幫助記憶的效果。學生們只需要依照規律記住其中任意一個時間，都可以將其他幾個時間推算出來。

記憶歷史知識的時候還可以將大段的記憶內容「濃縮」成一些具有代表性的關鍵詞、字或短句，用這樣的方法減少大腦需要記憶的知識總量，使記憶的效果更佳。在答題的時候，學生需要將背好的幾個短語適當地加以補充，就可以寫出正確的答案了。

在需要記憶的歷史知識中，還有很多地名、人名、戰役的先後順序，也可以使用「濃縮法」進行濃縮。比如說清政府所簽訂的一些條約中開放的港口極多，在記憶這些港口的時候就可以使用「濃縮法」。

這裡我們就以《馬關條約》為例，該條約共割讓臺灣及附屬島嶼、澎湖列島和遼東半島等島嶼給日本，就可以將這些島嶼的名稱按順序濃縮成：臺澎遼。

在學習歷史知識的時候，學生除了需要記憶各種重要知識

點以外，還應該主動釐清歷史發展的脈絡，將歷史事件的前後線索搞清楚。想要做到這一點，學生們就應該學會建構自己的歷史知識體系，將自己已經掌握的知識從上到下地整理一遍。整理歷史知識的時候，學生們可以列一個大表格，將歷史知識清晰明確地陳列出來。

在這裡，我們以如果要背誦一國的歷史發展為例，首先學生要找到一張較大的紙，在紙的最上方寫上國家發展歷史經歷的重大時期，再用豎線將每項內容隔開，在每項內容下方寫上該時期的時間及重要特徵，然後用橫線隔開。

在紙張的縱欄上，學生要依次將每個時期經歷的統治者政權，政權的起；止時間以及特徵與該時期具有代表性的知識內容填寫清楚，並在末尾留下空白處，以便於日後新增新的歷史知識。

學生在建構自己的歷史知識框架的時候，最應該借鑑的就是歷史教科書的章節目錄，這些章節目錄是歷史發展的「大框架」，只要將這些東西記住了，歷史知識的整體結構基本上就搭建好了，學生們只需要在各個大框架下面填充相對應的歷史知識就可以了。

在建構歷史知識網路的時候，學生們不僅要注意各種知識間的縱向關聯，還應該關注知識間的橫向連繫。只有將橫向、縱向全部串連在一起，整個歷史知識的網路才算是建構完畢。在處理歷史知識的橫向連繫時，學生們應該充分發揮自己的想

像力，比如說在記憶 2006 年的國民生產毛額的時候，就可以聯想一下美國 2006 年的國民生產毛額以及對世界有何影響。

　　在學習歷史知識的時候，同樣可以編撰一些膾炙人口的口訣來幫助記憶。在編撰口訣的時候，學生們一定要嚴格按照歷史史實進行編撰，否則只會產生反效果。

第八節　提升地理成績的記憶方法

　　劉永正是一名高中地理老師，他非常清楚地理也是大學入學考試必考科目之一，如果想要在大考中取得優秀的總體成績，地理絕對也是不可或缺的一部分。

　　地理可謂是文科中的理科，這門科目不僅有大量的知識需要記憶，而且還需要學生擁有縝密的邏輯思維。很多文科生在學習地理知識的時候都感到十分吃力，學生們即便拚命記憶，但記憶的效果也非常不好，這就讓地理成了一門充滿挑戰的學科。

　　大部分學生都會被地球、地圖、東西南北等問題搞得暈頭轉向，在解題的時候經常將方向搞錯，把時區、時差、地名搞混，這樣一來，辛苦計算得到的結果也就不可能是正確的答案了。每堂地理課，對文科生來講都是一種折磨，花樣繁多的知識讓人難以理解，自然也就不可能將地理學好了。

　　身為一名非常有教學經驗的老教師，劉永正很快就找到了造成學生地理成績低落的原因，他清楚地知道，想要讓學生們將地理學好，就必須教他們一些有效且有趣的記憶訣竅，只有借用一些有趣的記憶竅門，才能讓學生們發自內心地對地理這門科目產生興趣，才能真正將地理知識學會、學好。

　　教育專家認為，學習地理知識的首要任務就是認識地名。地名對於地理這門學科來講是非常重要的一項內容，它就像是

英文中的單字一樣，可以說是學習地理知識的基礎。只有將地名牢記掌握，才能輕易地在地圖上找到它們的位置，才能開啟地理知識的大門。

　　那麼該怎樣記憶地名呢？本書在這裡為大家提供幾種簡單的記憶方法。

　　1. 在記憶地名的時候要學會劃分地名層次，區別對待地名。地理課本中的地名是非常多的，學生在記憶這些地名的時候應該先根據這些地名的重要性，將它們分成三個層次，再依次進行記憶。

　　第一層次的地名是最基本、最重要的地名，這些地名包括世界上的各個大洲、大洋、主要的河流湖泊、高山、海峽、大型島嶼或半島、緣海、主要的地形區等。

　　二級地名的重要性次於一級地名，這些地名主要包括課堂上重點提到的世界各國的首都名稱、港口城市、重要地形、資源產地以及旅遊勝地等地名。

　　三級地名的重要性很低，學生們不需花費時間進行記憶。

　　2. 在記憶地名的時候一定要結合地圖。地名與地圖兩者是無法分割的，學生們在學地名知識的時候，一定要主動結合地圖，找到該地名所代表的區域，熟悉該區域的形狀，並關注該地名周邊的「鄰居」，找到它們之間的關係。

　　3. 在記憶地名的時候，還可以探尋這個地名的歷史及起因，為什麼要叫這個名字？這個名字的由來有哪些典故？在這

些故事的幫助下，地名的記憶會變得更為容易。比如：死海之所以叫死海，是因為其含鹽量太高，水中及周邊沒有生物生存而得名。

在記憶地名的時候還應該將地名的音、形、義結合起來，發現地名中的特徵及其深層次的含義，使記憶的效果變得更佳。很多地名是根據位置的相對應關係而設定，有些地名則是與所處位置相關，還有的地名是反映當地的經濟及生態特徵，有的是反映人文特徵等等。

在記憶地圖地形的時候，學生們還可以充分地發揮想像力，將國家、區域以及河流的形狀、輪廓想像成各式各樣的圖形，借用這些圖形來增強記憶。比如，非洲大陸整體的輪廓就像是一個梯形和三角形疊加在一起，而義大利的輪廓則像是在一個高跟鞋前面放了一個足球。

在學習地理知識的時候，一定要勤看地圖，不會看地圖的學生永遠也學不好地理這門課。學生在記憶地圖知識的時候，並不用死記硬背，只要能夠經常翻閱、檢視地圖，就能將地圖上的輪廓大致記在腦中。

學生應該在看新聞或者聽到地名的時候，立刻馬上次想起這個地方的地圖，如果想不起來，就要拿出地圖檢視。學生還可以在自己的臥室內掛上一幅世界地圖與一幅自己國家的地圖，有事沒事的時候都可以盯著這幅地圖看。這樣慢慢就能在腦海中形成很好的地理空間概念，將地圖知識牢固掌握。

第九節　提升社會成績的記憶方法

　　在所有的學科中，社會可以說是最枯燥的一門學科。學生們在學習社科知識的時候，通常只能透過「記」來達成學習目的。對絕大多數學生而言，是很難對社科產生學習興趣的。在社會課上，老師通常都會留給學生大量的時間來背誦社科知識。

　　一般而言，學生們往往都能透過死記硬背完成老師安排的背誦任務，但背誦結束或者老師檢查過後，經過記憶的社科知識就會被遺忘很多。

　　心程就經常遇到這種情況，他每一堂社會課都有認真聽，在課後也都認真記憶，也能夠在老師檢查或者自己檢查的時候完成背誦任務。但是過一段時間之後，這些背過的知識點就會被遺忘掉，這也使得她的社會成績一直不怎麼好，社會科也成了他升學路上的「攔路虎」。

　　為了解決這一難題，心程想了許多辦法，但這些辦法都沒有產生任何效果。為了能夠將社會科這個大難題解決掉，心程的家人在她放暑假的時候送她進入了當地有名的補習班，接受為期兩個月的補習。補習結束後，心程的社會科成績有了大幅度提升，只要是她背誦過的相關知識，記得都非常牢固，完全可以做到輕鬆應對考試。為此，心程非常感慨，她從來沒想過，只要正確、合理地選擇記憶方法，就能輕鬆達成記憶目的。

　　作為第一類組中的一門科目，很多學生在學習社會科知識或聽課的時候都不會準備「計算紙」。其實，在學習社會科知識的時候，「計算紙」可以發揮非常大的作用。在學習社科知識或聽講的時候，學生們應該在身邊準備一些計算紙，每當老師講到重點、難點、必考知識的時候，學生們就可以像寫大綱那樣將這些知識點寫下來。

　　一堂課結束之後，學生們還可以將自己寫好的內容整理出來，拿去和教材作對比，看一看自己寫下的知識點是否有遺漏，有沒有寫錯的地方，有寫錯的就應立即改正，檢視完畢之後，還要為自己寫的內容評分，可以自己評，也可以讓其他同學或者老師評分。學生還應將每一節課上記錄在計算紙上的內容保存起來，並定期加以整理排序，在考前或者需要複習的時候則可以拿出來作為重要的參考資料。

　　在對社會科知識的學習中還應該使用關鍵詞記憶法，這種記憶方法非常適合社會科的學習。比如：學生在記憶政治名人提出的主張時，可以簡短地抓出幾個重要的關鍵詞與進行記憶，就可以掌握這個知識點了。

　　在記憶社會科知識的時候，學生們還可以充分腦力激盪，將有些觀點和成語、諺語相關連在一起進行記憶。用這些膾炙人口的成語、諺語來達到幫助記憶的目的。不過，在選擇諺語、成語的時候，一定不能將兩者勉強拼湊在一起，諺語或成語的含義應該和要記憶的觀點的意思相符，不能胡亂編造；在

選用諺語或成語的時候要優先選擇自己熟悉的，這樣才能產生幫助記憶的作用。

比如：「城門失火殃及池魚」，就可以和辯證唯物主義的觀點連繫在一起等等。

學生在學習社科知識的時候，還應該養成閱讀報章雜誌或新聞的習慣，這種習慣能培養、鍛鍊學生分析熱門時事的能力。在閱讀報刊的時候，學生不僅要關注評論內容，還應該主動與自己所學的知識相互連結，然後產生自己的看法和見解，最後再與時事分析上的內容進行比較。堅持關注、分析時事新聞，可以讓學生的綜合分析能力、判斷能力獲得大幅提升。

在學習社科知識的時候，還可以使用對比法來幫助記憶，不過在使用這種方法的時候，一定要注意相對比的事物之間要有可比性，而且對比必須是在同一類型的事物之間進行。做到這兩點之後，學生就可以借用對比法將知識整理歸納成有序的知識網路，並且進行對比，整理歸納的過程也能加深學生對知識的理解，對記憶的幫助也更大。

電子書購買

爽讀 APP

國家圖書館出版品預行編目資料

全能記憶法，大腦增強計畫:51 種高效記憶法！
變換順序、抽象資料轉換、提升觀察力、調節
壓力……打破學習瓶頸，激發大腦潛能 / 許大
鵬，樂律心理 編著 . -- 第一版 . -- 臺北市：崧燁
文化事業有限公司 , 2024.08
面；　公分
POD 版
ISBN 978-626-394-632-3(平裝)
1.CST: 記憶 2.CST: 成功法
176.338　113010939

全能記憶法，大腦增強計畫：51 種高效記憶
法！變換順序、抽象資料轉換、提升觀察力、
調節壓力……打破學習瓶頸，激發大腦潛能

臉書

編　　　著：許大鵬，樂律心理
責 任 編 輯：高惠娟
發 行 人：黃振庭
出 版 者：崧燁文化事業有限公司
發 行 者：崧燁文化事業有限公司
E - m a i l：sonbookservice@gmail.com
粉 絲 頁：https://www.facebook.com/sonbookss/
網　　　址：https://sonbook.net/
地　　　址：台北市中正區重慶南路一段 61 號 8 樓
8F., No.61, Sec. 1, Chongqing S. Rd., Zhongzheng Dist., Taipei City 100, Taiwan
電　　　話：(02) 2370-3310　　　傳　　　真：(02) 2388-1990
印　　　刷：京峯數位服務有限公司
律 師 顧 問：廣華律師事務所 張珮琦律師

定　　　價：350 元
發行日期： 2024 年 08 月第一版
◎本書以 POD 印製